Stupid Things I Won't Do When I Get Old

A Highly Judgmental, Unapologetically Honest Accounting of All the Things Our Elders Are Doing Wrong

不做的事

——写给未来自己的抗老备忘录

U0737945

[美] 史蒂文·彼得罗（Steven Petrow）
罗丝安·福利·亨利（Roseann Foley Henry） 著
史茹雪 译

机械工业出版社
CHINA MACHINE PRESS

本书通过作者在50岁生日后不久开始整理的"我老了不会做的事"清单，记述了他对自己及父辈、祖辈在衰老过程中的深刻洞察与感受。书中不仅幽默地列举了那些他认为老后应当避免做的事情，还真诚地分享了自己在面对衰老时的恐惧、挫折和成见。作者表达了对于优雅、智慧、幽默且充满希望地度过晚年的美好愿景，希望当他最终跨过"衰老"的门槛时，要做出不同的选择。

STUPID THINGS I WON'T DO WHEN I GET OLD: A HIGHLY JUDGMENTAL, UNAPOLOGETICALLY HONEST ACCOUNTING OF ALL THE THINGS OUR ELDERS ARE DOING WRONG by STEVEN PETROW

Copyright © 2021 STEVEN PETROW

This edition arranged with KENSINGTON PUBLISHING CORP through BIG APPLE AGENCY, LABUAN, MALAYSIA.

Simplified Chinese edition copyright:

2025 China Machine Press

All rights reserved.

北京市版权局著作权合同登记　图字：01-2024-4603号。

图书在版编目（CIP）数据

不做的事：写给未来自己的抗老备忘录 /（美）史蒂文·彼得罗（Steven Petrow），（美）罗丝安·福利·亨利（Roseann Foley Henry）著；史茹雪译. -- 北京：机械工业出版社，2025.7. -- ISBN 978-7-111-78600-9

Ⅰ. C913.6

中国国家版本馆CIP数据核字第2025UY5659号

机械工业出版社（北京市百万庄大街22号　邮政编码100037）
策划编辑：兰　梅　　　　　　责任编辑：兰　梅
责任校对：樊钟英　李　杉　　责任印制：刘　媛
三河市宏达印刷有限公司印刷
2025年9月第1版第1次印刷
145mm × 210mm · 9.25印张 · 156千字
标准书号：ISBN 978-7-111-78600-9
定价：59.80元

电话服务　　　　　　　　　　网络服务
客服电话：010-88361066　　机　工　官　网：www.cmpbook.com
　　　　　010-88379833　　机　工　官　博：weibo.com/cmp1952
　　　　　010-68326294　　金　书　网：www.golden-book.com
封底无防伪标均为盗版　　机工教育服务网：www.cmpedu.com

献给我们家族的下一代——

杰西（Jessie）、卡罗琳（Caroline）、安娜（Anna）

和威廉（William），以及我的妹妹朱莉（Julie）

人们并非因为变老才停止追梦，而是因为停止追梦才变老。

——加夫列尔·加西亚·马尔克斯

（Gabriel García Márquez）

前言 PREFACE

我老了不会变成父母那样

在我50岁生日后不久，我的父母已步入暮年——这绝非巧合——我开始列一份清单，上面写着"我老了不会做的蠢事"。说实话，这份不断变长的清单几乎是我自认为对父母做错的所有事情的批判性记录，虽谈不上心怀恶意，却也相差不远。我的清单涵盖了他们所有糟糕的选择。我暗自发誓绝不像父亲那样把尿失禁归咎于狗；也不会像母亲那样只因助行器会破坏着装风格就拒绝使用；更不会在晚餐时参与"器官诉苦会"，倾诉那一连串关于疼痛、手术和坐骨神经痛的抱怨——我父母可都这么干过！我是不是那种自以为最懂事的儿子呢？或许吧。

既然都坦白了，我得说清单里甚至还囊括了其他一些我看不惯的、"不良变老"的行为：别把房子变成桑拿房、别爬上屋顶清理排水道、在驾照被吊销或者严重伤到别人之前，就别再开车了！以及——句号后面别空两格。

我也清楚，我的父母——以及他们那一代人——远不只是疼痛、痛苦和其他折磨的集合体，他们所拥有的内心世界要丰富得多。

父母离世后，我开始以全新的视角重新审视这份清单，有时甚至会落泪。我意识到，这份"蠢事"清单反映出我看着他们因固执（这是我再熟悉不过的性格特点）而付出代价时的无奈，也反映出我对他们从"年老"迈向"患病"时的担忧。如今我更明白，列出这份清单是为了给自己一个明确的提醒：当迈入"老年""夕阳时光"或"银发岁月"时，我要做出不同的选择。把这些承诺写下来，我希望自己能确保记住并遵守。我在这本书里分享这些内容，也希望其他人在开始将自己视为"老人"时，能对所做的选择有更清晰的认识。我常常想起朋友安德鲁·韦尔（Andrew Weil）——美国顶尖的综合医学医生——关于衰老的话，他曾写道："我们并非命运的人质。"

63岁的我……算老吗？这确实是我近来常思考的问题，这也是7000万"婴儿潮一代[⊖]"中许多人的想法，毕竟我们现在都60岁以上了。

为找到答案，我在脸书上问了和我同龄的朋友们："多大算

⊖ 指美国从1946年至1964年，这18年间出生婴儿人口高达7600万，这个人群被通称为"婴儿潮一代"。

老呢？"在几十条回复中，有几条让我忍俊不禁："老年就是我现在的年龄再加4岁。""明天，永远是明天。绝不是今天。"一位女性朋友写道："当你被称为'女士'而非'小姐'的时候。"我会心一笑——男士们一般不会遭受这种特别的"冒犯"。

其他朋友指出，身体出现新的限制是中年和老年的分界线。一位同事发帖说："当你再也不能15分钟跑完1英里[⊖]的时候。""当我不得不停止打网球的时候。"我的朋友托马斯补充道。我反驳他们说，我40岁时右膝受伤后就不再慢跑和打网球了，那时我不算老，可该死的，我确实受伤了。（15年后我又重新开始打网球，从那以后球技一直很烂。但这不是重点！重点是年老并不等同于生病、残疾甚至受伤。）

我请教了一些专门研究"老"的定义的资深研究人员。"如今，60岁的人只能算中年人。"谢尔盖·舍尔博夫（Sergei Scherbov）解释道，他和沃伦·桑德森（Warren Sanderson）为联合国等组织，以及美国、日本和塞内加尔等国家几乎重新定义了"老"的概念。他们的研究表明，在美国，男性的老年门槛是71岁，女性是74岁。

⊖　约1.609千米。

我还没来得及给自己倒上一杯香槟，或者把我的 Tinder[⊖]个人资料改成"中年人"，舍尔博夫还说："我们的真实年龄不只是我们活过的年数。"它取决于我们的个人特质——我们吃什么、如何锻炼、是否吸烟、有多快乐——基本上取决于身心健康状况。

别忘了，美国较高的预期寿命以及较低的残疾率和疾病发生率，也在将中年延长到 70 岁出头这方面发挥着作用。

美国前总统吉米·卡特（Jimmy Carter）在《衰老的美德》（*The Virtues of Aging*）一书中探讨了变老的意义。顺便说一下，卡特现在已经 96 岁了[⊖]，他写道："正确的答案是当我们认为自己老了的时候，我们就老了——当我们抱着消极怠惰的态度依赖他人，身心受到极大限制的时候……这与我们活了多少年并没有太紧密的联系。"按照这个标准，不，我不算老，你可能也不算——即使你是"婴儿潮一代"。

我觉得摩托头摇滚乐队的主唱莱米·基尔米斯特（Lemmy Kilmister）说得很对，他宣称："我不明白为什么一定要有那么一个时刻，让所有人都认定你太老了。我没老，而且在自认为

⊖ 一种网络交友软件。

⊖ 吉米·卡特（1924.10.1—2024.12.29），作者写作本书时为 2020 年，当时卡特 96 岁。

老了之前，我永远都不会老！"

年龄就像美一样，因人而异。

这就是为什么两个年龄相同的人对"我老了吗"的答案可能截然不同。举个例子：几年前的一次大学同学聚会上，我听了一位银发慈善家大卫·鲁宾斯坦（David Rubenstein）的演讲，他当时是肯尼迪艺术中心、史密森学会和美国外交关系委员会的董事会成员。他的日常工作身份是凯雷集团（Carlyle Group）的联合执行董事长，凯雷集团是世界上最大、最成功的私募股权公司之一。在面向杜克大学校友的演讲中，鲁宾斯坦敦促我们在进入人生最后阶段时要"加速前进"。想到他的这番告诫，我问当时 69 岁的鲁宾斯坦是否认为自己老了。"对我来说，69 岁就像青少年一样。"他不假思索地回答。从那以后他离了婚，继续保持着每年读 100 本书的习惯，还经常在各种演讲活动中露面。这个人可一点都不闲着。

就在几天前，我认识的一位 68 岁的诗人玛格丽特（·佩吉）·英格拉姆［Margaret（Peggy）Ingraham］在接受手腕骨折治疗的手术间隙，悲伤地告诉我："我现在是个老太太了。"由于受了伤，佩吉自十几岁开始驾驶以来第一次不能开车，还要雇一名家庭护工，这进一步加深了她的依赖感，让她产生了"老了"的自我认知。"有太多简单的事情我做不了了，比如打开一个罐子或者一袋薯片。"她解释道。

从表面看，似乎并不是年龄，而是身体上是否独立让这两位将近70岁的人一个感觉自己像个青少年，另一个却觉得自己已经老了。的确，失去独立性和行动能力是定义"老"的核心特征之一。但手腕骨折是困扰我这位诗人朋友的唯一原因吗？我不认同，她还告诉我独居让她感到社交孤立（这是在新冠疫情导致人们普遍需要自我隔离的几年前）。

说到新冠疫情，我实在难以忽视其中的讽刺之处：美国疾病控制与预防中心指出，如今60岁以上的人都被视为"老人"，他们感染新冠病毒后发展成重症甚至死亡的风险更高。这就仿佛我们突然被要求在脖子上挂上一个象征"老"的红色标识，简直是一种公开羞辱，有力地反驳了"衰老只是一种心态，而非由数字决定"这一观点。

态度显然在这个讨论中起着重要作用。一旦我们开始认为自己老了，就很容易陷入消极预期的陷阱。事实上有研究发现："老年人接触到人们对衰老的负面态度后，其心理、身体和认知功能会立即下降。"世界卫生组织的一项研究报告称，遭受年龄歧视的老年人比那些对衰老持积极态度的人平均少活7.5年，这着实让我感到震惊。

不可否认，关于"年老"的刻板印象无处不在、难以避免。打开电视，你很可能会看到——至少，如果你和我看的是同一节目——那些Claper[⊖]上的广告、"生命警报"医疗手环的广告（广告语"我摔倒了，起不来了"），或者那个烦人的吉特巴格（Jitterbug）手机广告（广告语"更大的按键，更大的屏幕，更简单的菜单"）。更别提《周六夜现场》（*Saturday Night Live*）里的小品了，其中展示的亚马逊智能音箱"回声"（Echo）（广告语：专为"最伟大的一代"设计），它会对任何与"亚历克莎"（Alexa）相近的名字做出回应，比如阿莱格拉（Allegra）、安妮塔（Anita），甚至是"脱发"（Alopecia），因为，你懂的，大家普遍认为老年人记性不好。在这些信息里，我们不是被刻意回避，就是被丑化，甚至两者兼而有之。我们明明几乎占美国人口的50%，但在从电影到广告的各类媒体形象中出现的比例却只有15%，仿佛被忽视了。

现在回想起来，我很容易发现我对年龄的偏见和羞愧，在很大程度上影响了我对父母的看法，也让我列的那份清单有些情绪化。随着父母健康状况恶化，我常常失控，很容易发火，说话也尖酸刻薄。现在再想起这些，我心里满是愧疚，我对变老的恐惧，压倒了原本较好的判断力和通常情况下更为善良的

⊖ 一种短视频应用软件。

本性。但有一点格外清晰："上了年纪"是自然现象，而让年龄成为束缚的枷锁则是另一回事。

在我的生活中，我常常被内心那个阻碍我的声音所左右。你或许也有过类似的经历，脑海中会响起这样的声音："不够聪明！""骗子！""你不配！"我不敢保证会完全按照清单去做，也无法保证再也听不到那个声音，但我可以保证当那个声音叫嚷着"太老了"的时候，我绝不会屈服。一旦它出现，我一定会回击："闭嘴！"

如果你也遇到了类似情形，我想说："看看我的清单！"或者现在就开始列一份属于你自己的清单。当考验来临的那一刻，坚守你对自己许下的承诺。

目 录　C O N T E N T S

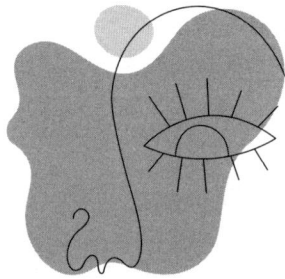

Part One
第一部分

现在我不会做的事

如果你不知道自己的年龄，

那你觉得自己会有多大呢？

——萨奇·佩吉（Satchel Paige）

我不会染发

一位前美国广播公司新闻主播曾给过我一些关于如何显得更年轻的明智建议。多年来，我一直遵循着这些建议，直到一次倒霉的染发经历让我变成了一位银发型男。

多年来我一直是C医生的患者，他是一位知名的皮肤科医生。我知道他比我大20岁，我第一次见到他时，他快50岁了。我对他的印象是：人很和善，医术精湛，几乎每年都会帮我去除耳朵和后背的痣以及病变组织。他面容英俊，却布满皱纹，头发也"普普通通"（恰到好处地夹杂着银灰色），从医学角度来讲，这是好事。然而在10年后的一次年度预约中，他突然顶着一头黑发出现。从那以后每次见到他，我都在想到底是谁给他出了这个馊主意。说真的，他的家人哪去了？为什么没有阻止他？遗憾的是，C医生看起来并没有更年轻，反倒像个拼命想装嫩的人。

我发誓绝不让这种事发生在自己身上。

除了这个教训，相信我，我一直在努力保持青春活力：做瑜伽的倒立动作，洗冷水澡，每天喝防弹咖啡（据说这种咖啡里面富含"脑辛烷燃料"，能增强认知能力）。当然，还有我的前伴侣所说的，我"一直都不成熟"，我更愿意把这看作是生活中的乐趣。它体现在很多方面：我那条亮橙色的紧身牛仔裤、热情奔放的言行，以及对未来狂热的乐观态度。我是阿道斯·赫胥黎（Aldous Huxley）的忠实粉丝，他曾写道："天才的秘诀是将孩童的精神带入老年，这意味着永远不要失去热情。"

我对外表也很上心：涂抹大量防晒霜，早晚都做保湿护理，而且只戴最时尚前卫的眼镜。要是完全坦诚的话，适当做个眼部整容手术也没什么坏处，实际上虽然手术过程很疼，但它成功去掉了我沉重的眼袋。

尽管我在30多岁时就发过誓"我永远不会染发"，但不得不承认快到50岁的时候，我还是屈服了。现在我得尴尬地承认，头发已经成了我的盔甲、我的盾牌——坦白说，成了掩饰我年龄的最有效的伪装。而我得将此归功于黛安·索耶（Diane Sawyer）。

"史蒂文和黛安"$^{\ominus}$（Steven and Diane）可没有约翰·库格·梅伦坎普（John Cougar Mellencamp）的歌曲《杰克和黛安》（*Jack and Diane*）（讲述了两个成长在美国内陆地带的孩子）那么顺口。但我和这位有着铂金色头发的记者（她曾赢得美国青少年小姐选美比赛）一起主持一场慈善活动时，她主动给了我一些建议："主播不会变老，只会让头发变得更金黄。"索耶跟我一样，原本是深色头发。但正如一位好莱坞发型师在博客中所写："黛安·索耶的重大突破始于她把原本自然的灰棕色头发染成了迷人的蜜金色，从那以后，一切都不一样了。"

索耶从一位选美冠军变成艾美奖获奖记者，是否能归功于

⊖　即作者将自己和黛安·索耶并列。

染发，我曾心存疑虑，但我确实认真考虑了她的建议。我想染发就算对她的事业只有极小的帮助，可对我的事业或许会有好处（尤其是当我的头发逐渐变得灰白，超过了黑色的时候）。

别误会，我不是唯一一个向名人寻求染发建议的人。1/5的染发男性承认他们会从演员、运动员和社交媒体网红那里获取灵感。我猜他们更可能参考汤姆·克鲁斯（Tom Cruise）或尼古拉斯·凯奇（Nicholas Cage），而不是黛安·索耶。但，嘿，当时她就在我身边！

我不仅把索耶的建议牢记于心，还告诉了发型师。在那次谈话后的许多年里，我都定期去美发沙龙做挑染。每隔6周，我的染发师会给我染上3种不同的金色色调，打造出高光和低光效果，以此保持我的"真实"发色，掩盖日益增多的白发。

一家研究公司称像我这样的人可不少：现在有11%的"婴儿潮一代"男性为了看起来更年轻而染发，而在1999年，这一比例仅为3%。我的发型师说在他50岁以上的男性客户中，大约1/5会染发："他们对此非常保密，不想让别人知道。要是算上那些在家自己染发的人，这个比例可能更高。"要是相信脸书页面上的广告，我们还会染胡子、胸毛，甚至下身的"毛发"。

我知道染发对我的职业生涯也有好处：我当时在一家互联网初创公司的300多名员工中已经是年纪第三大的了，而且比我的首席执行官老板大了近20岁。随着年轻人逐渐取代老员工，染发似乎成了另一种让我保持良好状态的方式。或者更直白地说，这也是为了保住工作。

但是我可不想变成我的皮肤科医生那样，不想让人们在背后议论我的发色很假。

但后来发生了意外：我跟有着蜜金色头发的朋友莫莉去找了一位新的染发师，我们就叫他亚历山德罗吧。有一天我提到，那周晚些时候我计划录制一套5集系列视频来宣传我的新书。亚历山德罗向我推荐了一种"天然"染发法，还热情地保证这种方法能去掉我1/3的白发。"没人会注意到，"他承诺道，"而且这是半永久性的。"他补充说，万一我不喜欢，直接洗掉就行。

我有没有提到视频录制就在两天之后呢？

我同意了新的染发提议。还没等我反应过来，亚历山德罗就调配好了一种浓稠的染发膏，氨水的气味弥漫了整个美发店。他把染发膏按摩到我的头皮上，让它停留了一段时间。30分钟后，他冲洗并吹干了我的头发。瞧！我一根白发都没有了。可我现在这模样……往好了说，也让人始料未及：我变成了一个顶着张扬的蜜金色头发的人，每根发丝仿佛都在大声宣告："我染过色！"亚历山德罗说我看起来"棒极了"，他的另一位顾客也拼命想帮忙打圆场，对我说："你现在的发色和你的眉毛颜色很配。"当然了，前提是我的眉毛是香蕉色。

我开车回家，努力抑制着绝望的情绪，尽量不看后视镜，不忍心看到亚历山德罗把我的头发弄成了什么样子。回到家后，我的伴侣结结巴巴地问："你的头发是，怎么回事？"

"半永久性的，"我一边跳进淋浴间，一边反复念叨着。我连续用洗发水洗了六七次头发，可遗憾的是，头发上的"蜜金色"根本洗不掉，氨水的味道也挥之不去。我的头皮现在更像是一个有毒的超级垃圾场，被染发膏的化学物质刺激得生疼。原本柔顺的头发也变得脆弱不堪。

第二天，我又坐到了亚历山德罗的椅子上再次忍受化学褪色处理。毫不夸张地说，这次我差点被有毒的气味熏到窒息。但为了褪掉那糟糕的颜色，这一切都是值得的，对吧？

结果更糟了：现在我的头发两侧是黄铜色，顶部是刺眼的白色！

这场荒唐的闹剧距离视频拍摄时间只剩下24小时了，我慌了，打电话给朋友维姬，她就像我的私人生活小帮手。她推荐了一位第五大道的"彩色矫正专家"布里奇特，还帮我预约到了第二天早上8点，也就是视频拍摄前几个小时。

我带着证据去了，给布里奇特看了几张我"真正"发色的照片，不过那其实也不是我真正的发色了。她看着受损的头发，长叹几声。"这几乎是永久性损伤了。"她解释道，然后开始小心翼翼地给我染发，一缕一缕地染。两个小时后，她宣布"杰作"完成，我付了400美元后离开了。

那天晚些时候，拍摄现场的每个人几乎都夸我的头发看起来很不错，但我知道他们在说谎，因为以前从来没人谈论过我以前那"普普通通"的发色。最后，一位坦诚的朋友直言不讳说，我看起来像"斯塔滕岛来的俗气秘书"[○]，我确定他无意冒犯来自那个行政区的任何人，但我可不觉得这是在夸我。

我想起了是什么让我陷入了这堆麻烦事里——那位好莱坞博主曾写道："当你以黛安·索耶那样的风格和发色现身时，人们会回头观望，女孩子们会嫉妒得发疯。"

人们确实回头看了，没错，但我感觉他们的目光中毫无嫉妒之意——而且那眼神里分明透着一种笃定，认定我染了头发。

在接下来的三个月里，我掰着指头数日子，盼着能去剪个头发，以彻底告别金发岁月。继续模仿黛安·索耶实在是太折腾人了——而且花费也太高了。

我怀疑自己永远会在自我接纳上摇摆不定，尤其是随着年

○ 一种美国流行文化对斯塔滕岛（Staten Island）女性的刻板印象，即造型华丽或夸张。

龄的增长。但如今我已不再做那些表面功夫，而是加倍投入瑜伽的"下犬式"练习和晨间冥想中，因为这些才是我内心青春永驻的真正秘诀。现在，我的头发自然地变成了银白色。看到油管上的"白发漂染教程"视频时，我觉得十分有趣，这类视频教那些有着棕色或黑色头发的年轻人如何"自己动手将深发色染成金色"。我只想说：朋友们，操作的时候可得慎重啊！

当然，我还是会继续从（男性）名人身上获取灵感。而且我留意到如今有不少男士都成了魅力非凡的银发型男，比如演员休·格兰特（Hugh Grant）、史蒂夫·卡瑞尔（Steve Carrell）、安东尼奥·班德拉斯（Antonio Banderas），当然，还有乔治·克鲁尼（George Clooney）和理查·基尔（Richard Gere）等。平心而论，男性头发变灰白要轻松得多。而像黛安·索耶这样的众多女性，在有白头发这件事上面临着与男性截然不同且更为严苛的社会评判标准。

最后，这场围绕头发的闹剧让我对那位皮肤科医生当初的错误认知有了更多的理解与体谅，毕竟任何人的头发都不该成为他人关注的焦点。当然了，要是多年前我听从了幸运饼干里的那条建议——"头发染得很糟糕的男人看起来很绝望"，或许就能省去不少麻烦和钱财。

我不会在句号后空两格

我明白随着年龄增长，学习新事物会愈发困
难，但我还是会逼着自己去尝试。不仅如此，
我还打算摒弃那些会让我显得老派的习惯，
就从那个我用手动打字机时养成的习惯改起。

如今，没有什么比在句号（或者感叹号、问号，以及其他任何表示句子结束的标点符号）后面空两格更能暴露一个人上了年纪。没错，我们在打字课上学的那些东西大多已经过时了。

我13岁生日时，身为打字老师的祖母送了我一台奥林匹亚SM型号的打字机，它被誉为"打字机中的奔驰"。每个周末，我都会去祖母家上打字课。课程内容总少不了反复练习输入"The quick brown fox jumped over the lazy dog."（那只敏捷的棕色狐狸跳过了那只懒惰的狗），因为这个英文句子包含了英语字母表中的所有字母，能锻炼从大拇指到小拇指的每一根手指。每次我重复输入前，祖母总会提醒我："句号后面要空两格。"

这个规则深深烙印在我的习惯里，也刻在了所有在个人电脑革命前学习打字的人的习惯中。在打字机时代，所有字符宽度都是一样的，至少都被设定成等宽字体，也就是说纤细的"I"和宽大的"M"在页面上占据的水平空间相同。

正因如此，在那些纤细字母周围，句子和段落中满是额外的空白区域。要是不在句末标点符号后面加上两个空格，可能就很难分辨下一个句子从哪里开始。于是就形成了句子之间空两格而非一格的惯例。年轻的朋友们，不用谢这份免费知识。

电脑和文字处理软件使用的是所谓的"比例间距字体"，字符间距会根据字母大小调整，这意味着在句号后面没必要再空两格了。事实证明，让"婴儿潮一代"改掉这个习惯几乎不可能，那个多按一下空格键的动作已经深深刻在我们的大脑里，极难消除。

"我完全没意识到自己在这么做。"一位朋友跟我说，"多年来我一直努力重新训练自己，可这个习惯太根深蒂固了。直到文章打印出来，我才发现自己又空了两格。多出来的空格在纸上格外显眼，就像红海被分开一样。但我打字的时候，大脑通过双手与键盘相连，手指根本不听使唤。"对我们这些还保留着老习惯的人来说，幸运的是，现在微软 Word 软件会把句后空两格标记为错误，这也终结了关于空格数量的争论。支持句后空一格的人，你们胜利了！

千禧一代和 Z 世代⊖从一开始就没有养成句后空两格的习惯，这个习惯因此成了我们这代人的标志。就像一位年轻的文化评论家说的，在句号后面空两格"是绝对的、完全的、彻底的而且无可争辩的错误"。所以我们得重新训练自己的大脑，即便像我那位发誓改不掉这个习惯的朋友，还有你，也能做

⊖ 千禧一代：指出生于 20 世纪，但在 20 世纪末时未成年，在 2001 年以后成年的人；
Z 世代：指 2000 年以后出生的人。

到。没错，你一定行。

能改掉旧习惯只是成功的一半。我们不仅要摒弃过时的东西，还得接受，或者至少学习新事物。如今，新事物几乎都和科技有关。而笨拙地使用新设备、操作系统和社交媒体平台才真正会让我们看起来像勒德分子[⊖]（Luddites）。

你不信？或许你还记得几年前，《周六夜现场》恶搞亚马逊智能音箱"回声"（Echo，也就是前文提到的亚历克萨"Alexa"）的那个片段，开头警示语是："对于某个特定年龄段的人来说，新科技并不总是那么容易掌握。"节目中虚构了亚马逊和美国退休人员协会的合作，主持人宣称"亚马逊回声银色版"是"专门为最伟大的一代（指经历过二战的那一代人）设计的"。这个版本音量超大，而且会对任何和亚历克萨（Alexa）有点相似的名字做出回应，比如阿莱格拉（Allegra）、敖德萨（Odessa）、安妮塔（Anita）、阿尔伯塔（Alberta）、艾丽莎（Alisha）、阿莱桑德拉（Alessandra）、埃克塞德林（Excedrin，一种止痛药，这里用来调侃）和脱发（Alopecia，这里也是调侃）。我尤其喜欢《周六夜现场》对"回声"银色版便捷功能的宣传，广告说这个功能可以帮老年人找东西。

⊖ 19 世纪英国工业革命时期，因为机器代替了人力而失业的技术工人。现在引申为持有反机械化以及反自动化观点的人。

"阿米莉亚（Amelia），我把手机放哪儿了？"

"手机在你右手里。"

亚历克萨（Alexa）还能提供最新的体育赛事信息：

"克拉丽莎（Clarissa），萨奇·佩吉昨晚三振[⊖]了几次？"

"萨奇·佩吉在1982年就去世了。"

"他三振了几次？"

"萨奇·佩吉去世了。已经死了。"

与其他版本的亚历克萨（Alexa）不同，这个版本还特别设置了一个回复"嗯嗯"的功能，用于回应老人冗长杂乱的故事。因为你也知道，关于老年人的刻板印象就是他们总是重复自己说过的话。

这个短剧在搞笑的同时充满了对老年人的偏见，它突出了父母那一代人在掌握新设备、使用社交媒体软件以及收发普通电子邮件时面临的种种困难。当然我们会被逗笑，但现在我们自己也不见得做得有多好。

例如，一位朋友跟我讲了她母亲在使用她和兄弟姐妹送的新电视时遇到的困难。"妈妈喜欢那台电视的画质，但遥控器几

⊖　在棒球比赛中，打击者经裁判判定获得三个好球后，即被认为"三振"。

乎把她难倒了。邻居说他们时不时接到我妈妈的求助电话,"她说,"我们最后才明白,每次妈妈不小心按到了'菜单'键,她几乎都得拨打911求救,她能调节音量大小和切换频道,但对菜单上的选项束手无策,所以需要别人帮忙才能回到她熟悉的屏幕界面。"

当时这位朋友对此哈哈大笑,但现在她对母亲有了新的理解和同情。"我有一台智能电视,它肯定比我聪明。"她告诉我,"我需要用两个不同的遥控器来操作卧室里的电视,厨房里的那台电视还连接了一个我完全不懂的Roku⊖设备。更别提那两个电子游戏系统了,家里只有青少年才知道怎么用。"

就个人而言,我其实担心自己会有那么一天直接放弃。我朋友的母亲出生在收音机还未在家庭中普及的年代,她不得不适应电视、旋转拨号电话、唱片机(一开始是老式的78转唱片)、按键电话、答录机、微波炉,以及20世纪许多其他令人眼花缭乱的新发明。到了使用21世纪的无线遥控器时,我们能怪她的大脑说"够了"吧?我觉得一切情有可原。

当然,如今我们这一代人中,有很多人的大脑似乎也在

⊖ Roku 是一个数字媒体流设备品牌,可连接到电视,通过互联网流式传输内容,允许用户访问来自各类流媒体播放平台的在线内容,其产品包括机顶盒和流媒体棒等。

喊："够了！"我也不能幸免，也许说到底你真得成为一名火箭科学家才行。此刻，我在笔记本电脑上打开了6个聊天窗口，我在向别人求助，希望能让一些设备、应用程序和软件正常运行。在其中一个窗口里，一个"索诺斯"（Sonos）音箱客服代表一直跟我说：你得把你的扬声器进行硬线连接。（"不好意思，"我解释道，"我不知道什么是硬线连接，也就是说我不知道该怎么做。"）我的密码管理应用程序达仕蓝（Dashlane）拒绝提供客服电话号码，所以我只能看着一长串的链接，试图找回我的"管理员密码"。（哎！我没把密码记下来，因为我以为这个程序能帮我记住密码。）我很喜欢的音乐播放应用程序声田（Spotify）显示，除非"索诺斯"音箱能正常工作，否则它无法继续播放音乐。但声田的客服告诉我，首先我得下载更新版本的苹果音乐播放器（iTunes）。但是在下载之前，我必须先升级苹果手机的操作系统。但不幸的是，苹果音乐播放器无法识别我的手机，这意味着我无法下载并安装最新版本的苹果操作系统（macOS），然后手动备份、恢复或同步这些设备。

最后，我的"苹果小帮手"——一位30多岁的技术奇才，上门来帮忙了。"那都已经是老黄历了。"他指的是手机和操作系统之间不兼容的问题，但我担心他这话也是在评价我。"把你的设备备份到云端就行了。"他说着，不到1分钟就完成了整个操作。

至少我已经超越了许多人（有些人比我还年轻！）所面临的其他一些日常挑战。有些情况真的很尴尬，比如可怕的"全部回复"灾难。我想我们几乎都知道那是怎么回事：有人在收件人或抄送栏里列出了认识的所有人，从而在未经允许的情况下，把所有电子邮件地址都透露给了其他人。很快就有人点击了"全部回复"，然后716个人都收到了一条写着"谢谢！"的消息。接着又有人要求退出对话，这个请求同样发给了716个人。然后其他人也纷纷加入，说："别再用'全部回复'了！"当然，他们也是用"全部回复"发的这条消息。如果我能掌握使用密送栏的方法，其他人也能做到，让我们一劳永逸地杜绝"全部回复"这种混乱情况吧。

还有一种常见且令人头疼的失误在"婴儿潮一代"中似乎颇为普遍，那就是转发消息链。要是我以后再也不用看到那些连锁信、诈骗警告，或者标题写着《转发：这个太有趣了！》的消息，那可真是谢天谢地了。更让人糟心的是什么呢？有人在转发这种消息链时，根本没考虑到原始发布人并不希望其他人看到那些可能包含敏感信息的内容。

"我把一条电子邮件消息链转发给了上司，还特意标注了其中一个正在进行中的项目的相关信息。"一位大学时的朋友向我倾诉，"我一时忘了这条消息链前面的几封邮件是我和一位同事在吐槽上司有多蠢。哎呀！"因此，除了建议"不要转发"之外，我还要再加上一条："别在电子邮件里说任何人的坏话。"毕竟这些话最终很可能会出现在对方的收件箱里。不过你肯定早就明白这个道理了，对吧？

还有其他一些老年人对新技术使用不当的情况。比如，还在使用美国在线（AOL）邮箱或雅虎邮箱——听着，是时候换成谷歌邮箱或微软邮箱了；在朋友的脸书公开页面上发布非常私密的消息，比如"昨晚太棒了！"。既然我正在吐槽，那这里还有一些无论如何都要避免使用的用语，因为一用这些就会暴露你的年龄。

"你的**传真号码**是多少？"抱歉，你早就该升级用扫描仪了。

"我们**叫辆出租车**吧！"还是用优步（Uber）或来福车（Lyft）吧，在手机上点开软件就能约车。

"我在你的**答录机**上留了条消息。"那是什么？如果非得这么叫的话，就叫语音信箱吧，但说真的，干脆别用任何形式的语音信箱留言了。

"我从**地图网**上打印了路线。"真好。那如果前面的路封了，你打算怎么办呢？现在大多数手机的谷歌地图软件都有实时全球定位系统（GPS）功能，用这个！

所有这些行为都在大声宣告："前方网络有老人在冲浪，请留意！"其他暴露出新手身份的标志还包括：未经他人允许就给照片添加标签（尤其是当你标注的那位在海滩的朋友当时正请着病假），以及不发短信而是选择语音信箱留言。如果你会使用表情符号和短信缩写却不明白它们的真正含义，那可得不到"潮人"称号——嘿，要知道"茄子"这个表情可不单单表示茄子，"LOL"也不是"满满的爱"（Lots of Love）的意思，而是代表"大笑"（Laugh Out Loud）。

说了这么多，其实就是想表明我不会成为一个抵触新技术的人，不会成为勒德分子。我下定决心要跟上时代的步伐，让自己保持聪慧，至少得和我的智能音箱一样聪明，并且始终与外界保持联系，即便这意味着要结交像亚历克萨（Alexa）、阿莱格拉（Allegra）、敖德萨（Odessa）——不管她们到底叫什么名字——这样的"新朋友"。

可再仔细琢磨一下，说不定我已经是个勒德分子了。

我不会害怕跌倒

是的，你没看错。

我知道自己需要对跌倒保持适度警惕——至少足够让我注意脚下的路。但我不会让这种恐惧束缚我，让我犹豫不决。

我一直害怕跌倒，或许是因为我的祖父母都因跌倒离世，而我的父亲在经历多年的摔跤、绊倒和跟跄后也离开了人世。但在他去世几个月后，我在太平洋的冲浪板上学到了一个关于跌倒的惊人教训。

在那次冲浪课上，我大部分时间不是脸朝下就是背朝下摔倒。这些可不是小摔，我在家人甚至一位专业摄影师面前一次又一次摔得狼狈不堪。这位摄影师本指望从我们这次冲浪冒险中赚上一笔。

冲浪课在夏威夷大岛凯卢阿-科纳（Kailua-Kona）附近的海域进行，当时我正和妹妹、弟弟以及他们的配偶和孩子们一起度假，我们聚在一起想要从艰难的一年中缓过劲来。这一年，我们的父母相继离世，妹妹被诊断出癌症，我经历了分居，弟弟患有自闭症的儿子也被送进了集体之家。我们决心一起庆祝我们的坚韧以及重新找到的希望。

第一次挑战夏威夷长板时，我大概只有30多岁，是现在年龄的一半，无所畏惧。彼时的特质最适合捕捉巨浪，体验长时间冲浪的刺激，当然也免不了和水下珊瑚以及粗糙的熔岩礁石碰撞。每次冲浪肾上腺素飙升，这种感觉令我着迷，也刺激我挑战更大的浪。

说实话，60多岁再去冲浪要困难得多。早年上冲浪课时，我的肌肉充满弹性，几乎不费吹灰之力就能"弹起"，也就是从趴在板上变为蹲在板上，臀部翘起，背部平直。30年后，我在21岁的外甥女杰西身上看到了这种弹性。她是个冲浪新手，一次又一次地跳起来追浪。她双腿天生有力，瞬间就能摆出"战士二式"的姿势，顺着浪花滑行，辫子在身后飞扬。

相比之下，我的表现就没那么好了。

几十年过去，我的臀部和臀大肌变得僵硬了。但教练奥西安·法默（Ossian Farmer）认为真正阻碍我的并非身体，而是态度和恐惧。"你一直在犹豫，这比任何肢体的灵活性下降都更拖你后腿。"他对我说。

这句话深深触动了我。我年轻时几乎从不犹豫，我就像马尔科姆·格拉德威尔（Malcolm Gladwell）在《决断2秒间》（Blink）中描述的那种人，能毫不犹豫地投入一个浪、一份工作或一段关系。但现在站在冲浪板上不再年轻的我发现，自己像被石头卡住的锚，总是拖着一只脚。事实证明，在冲浪和生活中，害怕跌倒反而会导致更多跌倒。

我在"今日冲浪者"网站上读到："在冲浪中犹豫的那一刻，就是你陷入麻烦的时刻。你会失去动力，错过浪头，还可能摔得很惨。"正如法默跟我说的："犹豫是最大的敌人，不完全投入就完了。"

杰西也认同这个观点，她说她的优势不在于体力，甚至也不在于年轻。"这不是力量的问题，"她告诉我，"你必须与自己的身体融为一体，凭直觉知道什么时候站起来。"经历了我们家族的诸多动荡，小小年纪的杰西已经学会在正确的时间站起来。

在我一次次摔倒的间隙，法默告诉我，优秀的冲浪者在冲浪时很像在冥想。他说："就像不思考一样，只活在当下。"接下来的几波浪中，我尝试了一个冲浪口诀，类似我在冥想时用来保持专注的口诀："眼睛向前。膝盖放松。双脚平行。核心收紧。"但在海浪的冲击和涌动下，我被这些口诀弄得晕头转向，结果又摔倒了。

我把口诀简化为"杰西"，因为她的冲浪姿势完美体现了所有这些要点。令我惊讶的是，我抓住了下一波浪，在半路上冲到了岸边。我不再思考，真正活在了当下。正如杰西对我说的："每次站起来都有风险，因为你随时可能跌倒。但你是否相信自己，愿意在每次情况未知时迈出那一步？"

观察杰西冲浪时，我还注意到一点：杰西始终盯着目标，在冲浪时这意味着直视岸边。我意识到即便我能正确地弹起，注意力也常常左右漂移，结果很快就从板上摔了下来。"直视前方，"教练在浪花中喊道，"不要分心！"我不禁想到在生活和工作中，很多时候是分心让我偏离了目标。

我和弟弟、妹妹经历了许多艰难时刻，对疾病、残疾、死亡和恐惧早已太过熟悉。在我上次冲浪后的几年里，我目睹年迈的父母多次跌倒受伤。他们开始害怕跌倒，可还是一次次摔倒。一天下午，妈妈在纽约市的路边被绊倒，脸朝下摔在地上。第二天早上，她看起来像是被人打过，瘀青就像从杰克逊·波洛克（Jackson Pollock）的调色板上调出来的，蓝的、紫的、红的、黑的都有。"我不记得怎么了。"那天下午她告诉我。

想起这件事和其他类似经历，我向教练坦白我害怕跌倒。法默教练从三年级就开始冲浪，他承认自己也有恐惧，但态度很豁达。他说："别让恐惧阻碍你实现梦想。它会让你陷入不利境地，恐惧通常会让你退缩、产生焦虑。"

"可我跌倒时该怎么办？"我问。

他建议我学会如何跌倒。"平着摔，"他解释说，这样能避免被熔岩礁石刮伤，"别头朝下摔。尽量优雅点。"现在，我把这些冲浪建议当作未来应对所有跌倒的指南：保持专注，控制恐惧，学会跌倒，保护头部。将要跌倒时，顺其自然，尽量优雅一点。

那天早上最后一波浪来临时，我结合自己的经验用上了教练的所有建议。我弹了起来，模仿"杰西"，抓住浪一路滑到岸边。太刺激了！然后我平着摔了下去，因为我真不知道还有什么别的方式下板。

弟媳目睹了这次精彩的冲浪，当看到我从浪花中探出头，确认我没受伤后，她最后说了一句话，打趣道："跌倒后的下一步，就是再站起来。"

我不会停止穿那些
"太嫩了"的衣服

当我挑选出一件"与年龄不符"的衣服时，母亲的言行以及她那满是紫色调与璞琪[⊖]（Pucci）风格的衣橱便会浮现在我脑海，让我对那些劝我"穿着要符合年龄"的反对之声全然不理。

⊖　意大利时装品牌，以其丰富的彩色几何印花著称。

"妈，您这是在做什么呀？"我走进母亲的卧室，佯装惊恐地问道。彼时，她正躺在双人床上读小说，并无特别之举。然而她的穿着却吸引了我的注意，透过那件时尚的伊莱恩小姐睡裙，我瞧见里面露出的一抹紫色丝绸内衣。80多岁的母亲依旧容光焕发，这使我记起一位朋友转述的他母亲的话："我或许是个处境艰难的老太太，但我绝不让自己看起来像这样。"

我早就知晓，母亲平日里极为朴素，可一到夜晚就摇身变成钟情璞琪和古驰（Gucci）的时尚女郎。母亲身上始终有着《时尚》杂志女郎般的性感韵味，以往我总觉得这与母亲的身份不太相称，可她对自己的身材自信满满，全然不在乎展露多少肌肤。她对时尚界那些所谓的"真理"嗤之以鼻，自然也不会遵循任何与年龄相关的穿衣规矩。她从不受诸如"40岁后不能穿迷你裙""50岁后不能穿无袖上衣"这类带有性别歧视与年龄歧视规则的束缚。

那天聊天时，我不经意间瞥见她梳妆台上摆放的大约60年前的结婚照。母亲——我就用她的法文名字玛格特（Margot）来称呼她吧——看起来与我见过的任何一位20世纪50年代的新娘都截然不同，或许唯有1957年嫁给迈克·托德（Mike Todd）时的拥有紫眸的伊丽莎白·泰勒（Elizabeth Talor）能与之相提并论。母亲选的是一件低胸丝绸鸡尾酒会礼服，也就是常见的山东绸挂脖式礼服，上身修身，下摆呈喇叭状散开，极为讨喜。穿着这条裙子无须穿戴胸罩。新娘除了父亲送的简约订婚戒指——后来她换了更贵重的戒指——以及一块卡地亚坦克手表外，未佩戴任何珠宝，甚至连耳环都没有，我想那对裸露的耳垂恰恰彰显出她的极度自信。母亲的母亲是一位上西区的贵妇，曾恳请她挑选一件更为传统的婚纱，可她拒绝了。更让人懊恼的是，母亲还拒绝让她妹妹当伴娘，不过这是另一段故事了。她向来懂得如何打破传统，还能惹得身边最亲近的人恼怒。

"你在笑什么？"母亲问道，她精准地洞察了我对她夜间装扮的想法。近来我也因"穿着不符合年龄"遭到伴侣的不满。伴侣不喜欢我那条霓虹橙色紧身牛仔裤，还说我喜爱的比利·里德（Billy Reid）牌海军蓝天鹅绒短款夹克对我而言"太嫩了"，尽管比利·里德的销售员——一位前美国小姐——夸赞道："您穿着非常合适。"我觉得这些穿搭选择远比穿一件大翻领、宽肩垫的运动外套强得多，更不用说那些似乎已成为我同龄人标配的褶皱卡其裤了，它们完全就是20世纪80年代和90年代的"遗物"。

"我只是在想咱俩有多像。"我回应道。

我的穿衣品位并非一直如此……呃，大胆奔放。从20多岁起，我便是布鲁克斯兄弟的忠实拥趸，甚至在麦迪逊大道的旗舰店拥有专属销售员拉尔斯。拉尔斯帮我保持着"预科生"风格，我身着100%纯棉的纽扣衬衫、单褶和双褶长裤，脚蹬便士乐福鞋。此外，还有不少马德拉斯格纹的衣物。到了30多岁时，我收集了至少十几条不同颜色组合的织物表带，每天清晨，我都会将它们与彩虹色的格子衬衫，以及绣有帆船、海豚和猎犬图案的缎带腰带搭配起来。

然而当我年近五十时，开始察觉到因年龄增长产生的被忽视之感。我在网上看到过这样的建议："你年纪越大，就会有越多的人试图假装你不存在。别让他们得逞。"接着还有号召："不要惧怕令人感到惊讶。"以及这样的劝诫："穿任何能让人记住你存在的衣服，必要时让他们知晓你比他们年长、更具智慧。"

我的好友迪恩比我小几岁，与我和母亲志同道合。我们都喜爱女演员希瑟·格雷厄姆（Heather Graham，出演过《双峰》），她曾对采访者说："我钦佩那些上了年纪仍保持优雅的人，但我更想尽情享受生活。"我和迪恩都觉得穿着受遗传影响，他的风格源自曾曾姑妈梅，我们都熟悉她鲜艳的红色口红和色彩艳丽的花卉印花连衣裙。迪恩描述她"浑身都散发着花的气息"。50多岁的迪恩坦言："我不想成为那种硬要穿霍利斯特（Hollister）或阿贝克隆比＆费奇（Abercrombie&Fitch）品牌衣服的老家伙，但我也还没准备好天天只穿多克斯（Dockers）牌的裤子。"他的目标是什么呢？就是穿得比别人稍稍出众一些，好让年轻小伙子们可以效仿。

交谈中，迪恩让我想起可可·香奈儿（Coco Chanel）曾说过的话："时尚会变迁，但风格永恒。"

说得太对了，迪恩！

我为《纽约时报》撰写了一篇关于虚荣的文章后，很快便收到一位60多岁的女士的评论留言："我开始意识到，不注重外表会让无论处于什么年龄的人都显得更为苍老，而且这会传递出一个强烈信号：'没希望了，何必费那个劲呢？'在最糟糕的情况下，甚至会传达出'像危楼一样没救了'的信息。"她告诉我有一天她看到镜子里自己的模样，仿佛听到警钟在耳边敲响。"我发誓要改变自己、每天都穿着得体，这是我做过的最佳决定之一。穿着得体让我感觉更自信、更年轻，我自豪地接纳自己的年龄。"

母亲会理解"穿着得体"的内涵，不过她有自己独特的解读。她一生热爱读书，一直是英国诗人珍妮·约瑟夫（Jenny Joseph）的粉丝。珍妮那首广为人知的诗《警告》（*Warning*）描绘了一个人穿着紫色衣服、戴着红色帽子，自由自在、充实地生活，以此弥补年轻时"循规蹈矩"的岁月。

当然，母亲无须弥补自己年轻时的任何循规蹈矩，她那件令人难以忘怀的婚纱便是最好的证明。

我不会只和同龄人
交朋友

身边只围绕着同龄人绝对会让人感到衰老。
我很幸运有一位90多岁的完美榜样，她教会
我如何与比自己年轻几十岁的人交朋友并维
持友谊。

丹妮丝·凯斯勒（Denise Kessler）有一些极为要好的朋友，年龄比她小30岁甚至40岁，我很荣幸自己也是其中一员。1993年我们相识时，她77岁，而我才36岁。可以说我就像她的"哈洛"，而她则是我的"慕德"[⊖]。这组合看着实在不搭调。

是丹妮丝主动选择了我。我起初以为她选我仅仅是因为我的信用评分，毕竟当时我在申请租住她楼下的花园公寓。但很快我明白了，成为丹妮丝的房客只是成为她朋友的第一步，能通过这一步的人少之又少，而我们这些通过的人有个共同点——年龄。当然，丹妮丝也有一些70多岁的朋友，但正如她曾对我说的，她"对老年人没什么耐心"。

她的时间安排得满满当当，分给他人的时间少之又少，甚至很难抽出1小时来面试我租公寓的事。她的日常行程总是排得满满当当：早上参加水中有氧运动，白天晚些时候为当地报纸做文字编辑，随时参与街头示威活动，常常给编辑写信，还会戴上假发，和她那些女权主义姐妹们一起参加"最后的狂欢"，她们自称是"一支正宗的赤脚草裙舞踢踏舞团的啦啦队"，

⊖ 《哈洛与慕德》（*Harold and Maude*）是一部1971年的美国电影，该片讲述了浑身充满热情的79岁妇人慕德与迷恋死亡的20岁青年哈洛相遇后，帮助他变得开朗起来，二人成为灵魂伴侣的故事。

在生日、毕业典礼和其他聚会场合表演，每次退场时都会赢得全场起立鼓掌。

丹妮丝确实有血亲，但除了她深爱的孙女，她和他们中的大多数人的关系并不十分亲密，而且她对"家庭"有自己的定义。套用《城市故事》（*Tales of the City*）的作者阿米斯特德·莫平（Armistead Maupin）的话来说，丹妮丝组建的是她的"志同道合的家人"，而非依赖她的"血亲家人"。莫平后来把他的回忆录命名为《志同道合的家人》（*Logical Family*），并解释说，"有时候你的血亲家人根本不会接纳你，你必须组建一个志同道合的朋友和爱人的圈子。"

丹妮丝像莫平笔下虚构的女家长安娜·马德里加尔（Anna Madrigal）那样，组建了与她志同道合的圈子。就如《纽约时报》对她的描述，她作为"精神导师和代理母亲"引领着我们：去海边一日游，晚上去剧院看戏；我教她如何使用电子邮件、上网，最后还教她使用苹果手机；在后来的日子里，我开车送她去医院、看医生，最后还送她去养老院，她那些其他心爱的"志同道合的人"也会这么做。

她身边那群年轻活泼的追随者可不只是帮着跑跑腿，我相信，在她三位姐姐离世后，我们还帮她驱散了随年龄而来的孤独感。丹妮丝是家里最小的孩子，"我被丢下了。"她不止一次地跟我提起过。

丹妮丝早早就过上了与年轻朋友相伴的生活，而对其益处的相关研究后来才出现。我记得她跟我说："拥有年轻朋友能打开眼界、拓宽视野。"她凭直觉也明白老年时亲密的友谊有利于延长寿命和过上幸福的生活。

不过我们20年的友谊可不是单方面的，我最珍视的是她源源不断给予我的生活建议，就像一台永不会空的皮兹糖果盒。她从年轻朋友的力量和活力中受益，而我们则从她随着年龄积累的智慧和坚韧中获益。在我们相识不久但我已经搬出丹妮丝的公寓之后，有一天，砍树工人到我后院修剪一棵长得过于茂盛的梧桐树，这棵树曾为我的后院提供了一道隐私屏障。我告诉主管我要参加一个电话会议，如果有问题随时叫我。

1小时后我过去查看进展，简直不敢相信自己的眼睛。"你们怎么把树砍得面目全非！"我喊道。我很沮丧，因为现在邻居们对我的卧室能一览无余，于是我打电话给丹妮丝希望得到些祖母般的安慰。然而，她却从"严厉的爱"那一套里拿出一句话告诉我："如果某件事对你很重要，你就得关注它。"这条人生教训不仅适用于树，还适用于很多事情。

多亏了丹妮丝这个榜样，我到40多岁时也开始扩展朋友圈，结交了一些更年轻的朋友，有的比我小10岁甚至20岁。比如达里尔，刚大学毕业就被聘来做我的编辑助理了。10年后在他的帮助下，我有了第一个电子邮箱、第一个幻灯片演示文稿、第一份数字记者工作，甚至还学会了基本的超文本标记语言编码。

其他朋友也是如此。"年轻朋友无疑给了我一种活力和兴奋感。"一位50多岁的朋友解释道，"他们对当下世界上那些重要的事情有深刻见解，而这些事情在我年轻的时候并不重要。他们有希望、梦想和目标，而年长朋友根本没有精力去追求这些。"其他人则提到了千禧一代和Z世代朋友的乐观态度，"我们很容易随着成长变得疲惫和愤世嫉俗。"朋友杰克告诉我，"但20多岁的人，尤其是大学生，仍然顽固地保持乐观，他们会改变世界，即使我们这代人在很大程度上已经把世界搞得一团糟。"

年轻朋友还能带来切实甚至有趣的好处。"他们更有可能熬夜到很晚""他们愿意尝试新事物"，我经常听到这样的说法。《时代》杂志的一位同事兴高采烈地讲述道："他们会告诉我如何写一个真正能吸引读者的互联网标题！"然后自然而然地，他们是现成的技术支持，就像我曾经对丹妮丝那样，达里尔对我也是如此。不久前我问19岁的外甥女卡罗琳如何在Word文档中嵌入超链接，她马上就帮我搞定了！其他同龄人几乎是欣喜若狂地告诉我，多亏了身边的年轻人，他们学会了发推特、使用照片墙、清除缓存以及升级隐私设置。一个人吹嘘道："就在前几天我学到了'TIL'。"我一头雾水，一问才知道，解释是："今天我学到了（Today I learned）。"哈哈！

年轻朋友确实缺乏经验，有时甚至让人恼火。有些人不停地盯着手机，而且英语在不断地退化成表情符号、头像和首字母缩写词。但我会努力记住，真正重要的是联系而不是习惯。

这也关乎态度。我不止一次看到我的同龄人居高临下地和年轻人说话，贬低他们的价值观和经历。一位千禧一代在网上发帖说："如果你不打算尊重年轻人，就别指望他们尊重你。给予年轻人真正的尊重，你就会拥有年轻的朋友。"

最后，跨越年龄差距交朋友还有一个自私的原因。新的研究表明这些"跨代"友谊对所有人都有价值，友谊本身对人的身体健康和心理健康都有积极影响。一项大型研究发现，拥有稳固友谊的人比那些社交关系不佳的人长寿的可能性高50%。这有多重要呢？这项研究的作者认为，拥有朋友"和戒烟的影响相当，而且它的影响力超过了许多众所周知的导致死亡的风险因素（如肥胖、缺乏身体活动）"。要想在老年时仍有朋友，你就需要他们比你年轻！

这就是为什么我选择自称为"常青者"（Perennial），这是科技企业家吉娜·佩尔（Gina Pell）创造的一个词，用来描述"永远绽放、与时俱进、了解世界动态、掌握技术、拥有各年龄段朋友的人。常青者积极参与、保持好奇心、乐于指导他人，并且充满激情、富有同情心、创造力、自信、合作精神和全球视野，敢于冒险，并且懂得如何努力。"千禧一代可以是常青者，婴儿潮一代也可以是常青者，任何人都可以选择成为常青者。

毫无疑问，朋友丹妮丝是一位"常青者"，她将人生这场盛大表演的"最后的狂欢"推迟到了98岁。当她在2015年告别这个世界（结束生命这场演出）时，我很庆幸能与她所有的朋友——每个人都比她年轻——一同为她献上最后的起立鼓掌。

我不会谎报年龄

即使在社交软件上我也不会。

我曾经是那种会从真实年龄中减去几岁（甚至更多）的人——要么是为了避免显得像个老古董，要么是为了提高在网上找到匹配对象的概率。但现在我不会再这样做了，我公开并自豪地面对自己的年龄。

和伴侣分居6个月后，我在Tinder注册了账号。这是一款专为单身人士打造的交友约会软件，市面上类似的软件还有不少。我大学同学迈克尔在用这个软件。他说自己50岁，就跟我资料上的50岁一样（其实我们当时都60岁了）。说实话他看起来确实比60岁要年轻，不过他额头上的皱纹和微微下垂的眼睑表明他的"50岁"不是很有说服力。迈克尔其实真该听听别人给我的建议：在自己真实年龄上加7岁，这样见面时对方就会惊叹你看起来如此年轻。

　　我和迈克尔聊了起来，我问他这种伪装——其实就是撒谎——效果到底如何。他一本正经地解释道："年龄数字不重要，重要的是看着年轻，活力满满。只要你网上聊天时不像个脾气暴躁的老头，想假装成什么年龄都行。"他根本没正面回答，于是我又追问了一次。这次他说："见面时有一半人得知我实际是60岁后会直接走人，但另一半人不介意——所以只要能约出来见面就够了。"

　　说实在的，我没他那么厚脸皮，这是我后来不再谎报年龄的原因之一。我本想说这是为了追求真实，但也得承认这和互联网轻易就能戳穿我的谎言有关。

　　坦白讲，过去想要撒谎或者说隐瞒真相轻而易举。10年前我刚50岁出头，那时还没有属于自己的维基百科网页——它的第一行就会显示我的真实生日。我记得有一次一位同行作家问我是不是也"40多岁",我点头默认了。那时我其实已经拿到美国退休人员协会的会员卡了,但觉得没必要反驳他这种给我面子的猜测,尤其当时他的同龄人都在场。我没直接说谎,只是没说实话。

后来我和伴侣分居,紧接着离了婚。我步入60岁,进入所谓"花甲之年"(sexagenarian)的人生阶段,我还总爱打趣:这词以"性"(sex)开头,看来这10年全是"性趣"之事。我之前提到的我注册了Tinder(还有Match、OkCupid以及其他一些约会交友平台),简单点击几下就能让自己"年轻"3岁。这样我又变回50多岁的人了,或者我称之为"现代中年人"。

撒谎在大多数交友软件上很容易——我只要把出生年份从1957年改成1960年就行。但Tinder有点复杂,因为它会从脸书网站提取个人资料数据,而我在脸书上的年龄是60岁。这意味着我得先在脸书上修改出生年份,然后设其为私密状态,毕竟脸书上很多好友都知道我的真实年龄。我能接受对陌生人谎报年龄,但可不想被认识的人戳穿,落个骗子名声。

我知道对自己的年龄感到自豪且诚实很重要,而我的"出生年份"就是个谎言。但世上说谎的人分两种,一种是普通说谎者,另一种则是大骗子(至少我这么安慰自己),毕竟,我心里想："谁会找一个60多岁的男人约会？"

和大学同学迈克尔一样，我也有两条辩护理由。其一，如果我如实填写年龄，而我的理想对象把搜索条件设为"最大59岁"，那他就只会看到50多岁的人选，从而错过我。一位对此经验丰富的54岁单身朋友跟我说："很多人都会限定搜索年龄范围。所以我觉得年龄可以先随便填，但见面之前得坦白。要是真实年龄成了阻碍，那就是在浪费大家的时间。不过要是谎报年龄能让你得到见面机会，然后在真正浪费别人时间之前坦白，那也没啥坏处，不算犯规。"迈克尔也说过类似的话——"先得到见面机会"。换言之，为达目的，可不择手段。需要说明的是，这位朋友是个律师，就算错了，也总能说得头头是道。

我的另一条辩护理由是，我可比网上一位26岁女士吐槽的那个男人强多了。她去咖啡店，满心期待见到网上照片里的男人：一头金发，30岁出头，腹肌分明。可她在咖啡店里环顾一圈，唯一一个独自坐着、显然在等人的男人，是个头发灰白、大腹便便的60多岁老头，这让她火冒三丈。而那个男人还满心以为约会对象不会察觉他撒了谎。很显然她察觉到了。

或者可以说，我们都察觉到了。

不过，公平来讲，有时与其说是撒谎，不如说是自欺欺人。在我心里我依旧是45岁的样子，如今却不止一次在照镜子时被自己惊到。我相信我不是唯一一个被脸书网站上的"10年挑战"（即发布一张当前照片和一张10年前的照片）弄得措手不及的人，我很惊讶自己竟在不知不觉中变化这么大。正如多丽丝·莱辛（Doris Lessing）所写："所有老年人都有一个共同的大秘密，那就是你在七八十年里其实并没有改变。你的身体在变化，但你一点都没变。"

不过说真的，撒谎的可不只是男人。《地铁新闻》刊登过一位匿名男士的故事："我和一位资料显示45岁的空姐约会，结果她露面后说自己55岁，而且看着就像55岁的人。"而她对说谎满不在乎的态度让这位男士更加反感。她解释道她喜欢比自己年轻的男人，不想吓跑他们。

我在撒谎时给自己定了条规则：无论如何都要在第一次见面时坦白真实年龄，即便需要撒个善意的谎才能"见面"。和迈克尔不同，我从没遇到过有人对我翻白眼然后转身离开。但我记得有一次，我在网上和一个人聊天时，对方突然问："你到底多少岁？"还指责我撒谎。唉，我当时已经告知了真实姓名，那人还是用谷歌搜索找到了我的维基百科介绍页面，上面明明白白写着：史蒂文·彼得罗60岁。我还没来得及回复，对方就质问我，他该如何继续相信我。"好吧，你可以去维基百科上看看我所有介绍。"我心里这么想，但也没用了，对方已经把我拉黑了。

可我还不知道那人的真实年龄。

如今，很多线上约会者对撒谎者更有防范意识了，还学会了在早期对话中设置测谎问题来探测真实年龄。60岁的大学同学迈克尔跟我说，他创建了一份备忘录来帮他在早期互发信息时回答最常见的问题（同时维持自己年轻10岁的虚假人设）。虽然我们都生于1957年，但他得像1967年出生的人那样谈论自己的生活。

这可能很难记。要是有人问迈克尔记不记得肯尼迪遇刺事件，他得赶紧反应过来虚构的年轻版自己在1963年还没出生。要是有人问："听说美国人遭遇伊朗人质事件时你在哪儿？"他可能会脱口而出自己刚上医学院。要是他真年轻10岁，1979年事件发生时他应该在上中学。

人们说撒谎很费劲，这是真的——一旦开始编织那张复杂的网，要记住的东西就太多了。

如今我在所有交友软件上都填了真实年龄——除了Tinder。Tinder上我还是显示年轻3岁。我试过纠正，真的，但它不允许用户创建账户后更改年龄。我的个人资料里写着"信息有误"，但按年龄搜索的人还是会找到"年轻"的我。不过，嘿！有时候一个人实话实说也只能到这程度了。

我不会加入
"器官诉苦会"

刚开始一切都很正常——你会同情一位做了
小手术的朋友，或者提起自己被诊断出高血
压。短短几年后，每一次社交活动都变成了
一场关于关节疼痛、白内障或者更糟糕病情
的大合唱。

这种情况可能发生在任何地点、任何聚会上，只要有几个特定年龄段的人聚在一起。开场往往是一句客套话："你最近怎么样？"接着是序曲般的闲聊：高胆固醇、糖尿病前期、膝盖不好。不知不觉中话题像乐曲一样逐渐激昂，演变成一场关于坐骨神经痛、心绞痛和关节置换的"盛大音乐会"。恭喜，你此刻正坐在这场难以想象的最糟糕"演出"的前排！没错，你正在经历一场"器官诉苦会"。

更糟糕的是，经验表明这往往会变成一场群体大合唱：一个人提到一种健康问题，另一个人马上加入，试图"胜过"前者。很快你就陷入了一场关于从拇囊炎到带状疱疹、白内障到肾结石、癌症到心脏病的无尽悲喜剧。像我这样的婴儿潮一代即便身体逐渐衰弱，也难以停止谈论自己。太多人可悲地误以为这是合适的甚至是很有趣的对话，朋友们，事实并非如此！请务必记住这一点。

下面是我经历过的最糟糕的"器官诉苦会"之一。不久前我和一个人进行了初次约会。初次约会本应是恋爱关系的开胃菜，可对方非但没激起我进一步约会的兴趣，反而让我在当晚结束时"完全饱了"。事实上，我成了这个人进行医疗问题独白的"人质"："我在电话里可能没提到过我患有重复性劳损、经历过两次关节置换、视力下降、高甘油三酯和低血压，还有遗传自母亲的先天性疾病……"对方看菜单时花了很长时间，还喋喋不休："我对一些肉类、鱼和鸡肉非常挑剔，口味很奇怪，这也没什么道理……"我只能点头应付。

事情怎么会变成这样呢？不久前我们这一代据说是人类历史上最以自我为中心，甚至可以说最自恋的一代，还在不停地谈论自己的孩子（比如"是我有偏见，还是我的孩子真的最优秀？"）、分享假期经历（比如炫耀"我们有幸去了仙境般的地方。"），以及谈论工作（比如"我今年拿到了全额奖金，你呢？"）。

倒不是说我完全不受这种风气影响。虽然我不会用"幸运"形容我的假期，也不用"美丽小屋"描述我的老式别墅，但我确实在网上发了不少自己旅行和房子的照片。人们常说一个人越炫耀什么，就越缺少什么，还有人说一张照片能抵得上1000个话题标签，其实这一切归根结底都指向一件事：

我……我……我……

那么，"器官诉苦会"和这些情况真的不同吗？

并非如此。毕竟，这是我们以自我为中心生活的一种延伸。但问题在于：我们越是用体弱多病来描述自己，就越容易让这些疾病成为我们的标签。我或许患有心血管疾病，但我不会让它定义我。尽管抑郁症在我身上留下了印记，但我不会让它左右我。和我初见时，我希望在你听到我提及诸多病痛或者冠状动脉钙化高评分之前，能了解到我其他方面的许多信息。

就拿我在本篇开头描述的那次约会来说。我在晚餐结束时对这位约会对象的工作、人际关系、家庭以及喜怒哀乐一无所知，只知道其无比详细的病历。坦白讲我觉得唯一没说的就是血型了——如果我留下来吃甜点，我敢肯定会听到。但我没有留下。

没错，疾病是我们生活的一部分，我完全支持对病痛开诚布公，公开谈论严重疾病和健康状况可能大有益处。在与抑郁症抗争了几十年后，我终于在59岁时公开承认了，是的，59岁。朋友埃里克的自杀成了催化剂，他长期为严重抑郁症所困却从未告诉任何人。我在一篇文章中写道："作为一名健康记者，我经常以自己为例讲述那些难以启齿的医疗状况，包括我在26岁时确诊睾丸癌，以及曾被误诊感染艾滋病毒——在那时几乎等同于被判死刑。但我从未写过自己患有抑郁症，尽管我从11岁开始写日记起，抑郁症就一直困扰着我。"

和别人分享这些经历后，我如释重负。更有意义的是，朋友们有时甚至是陌生人仍会在几年后给我发邮件，分享他们的心理健康问题。我知道我不是治疗师，但我很高兴能尽一份微薄之力减轻疾病带来的耻辱感和孤独感。

如果一个朋友被诊断出患有可怕的疾病，我希望他能分享，这样我就可以倾听并给予支持或者推荐医生。我也希望我在需要时别人能为我做同样的事。但请务必注意，病情的严重程度要和谈论病情所花的时间成正比。

我也想听到关于健康的好消息带来的喜悦。最近一位千禧一代的朋友在脸书上分享了她经历多次痛苦却失败的体外受精尝试后终于怀孕的故事，她能教给我们这些"婴儿潮一代"很多东西。太棒了！她终于怀孕了，还发帖说："去年12月我们请求大家为我们祈祷，如今，所有美好的祈祷全都被听到。我们满怀感恩并且很幸运地宣布，经过两年漫长的努力，我们的宝贝女儿将于9月出生。"

谈论关于身体的挑战在于找到"说得不够"和"说得太多"之间的界限，区分普通不适和严重疾病，并且了解我们的听众。

我保证会尽自己的一份力：在晚宴聚会上，我不会刻意显摆自己正在服药；参加鸡尾酒会时，也不会逢人就说自己该去复查心电图了。日常闲聊身体的各种小毛病，我会控制在一杯鸡尾酒的时间内，而且一旦察觉到这类话题冒头，我就会尽力打住。毕竟，我们可不只是身体各个器官的组合体。

我不会否认自己
"慢热"

我会坦然接受这件事。

到了我们这个年纪，无论男女，很多人在性功能方面可能都会出现一些问题，这并不意外，但这并不意味着我们不能再有性行为或亲密举动了。肢体接触至关重要！

研究显示，要是你询问一屋子55岁及以上的男性，他们是否存在任何类型的性功能障碍，比如勃起问题、性欲减退或者整体性满意度下降，那么至少一半人应该举手。但他们很可能不会举手，因为这个话题充满污名化、羞耻感以及对被拒绝的恐惧。

对于像我这样的人来说，这并没有什么安慰作用，因为说实话，我也得举手。

不过我不必等到60岁才加入这个"圈子"，由于癌症手术带来的副作用，我在大约35年前就"提前入会"了。想象一下，那时我还是个年轻的研究生，穿着一件不合身、连屁股都遮不住的病号服坐在冰冷的检查台上。刚确诊睾丸癌，肿瘤科医生紧接着就提及一种常见的副作用——"逆行射精"，也叫"干性射精"。他解释说，在性生活达到高潮时，精液不会像正常情况那样排出体外，而是会倒流进膀胱。医生保证这种情况不会降低性快感，可在如何告知亲密伴侣这个消息方面没有任何建议。

当时20多岁的我感觉无比孤独。年轻男性通常不会面临性功能障碍，而且那时距离各种针对人类已知疾病的在线互助小组出现还早得很。

肿瘤医生对副作用的预测以及对性快感的保证后来都得

到了验证。一开始这倒没产生太大影响，因为我进入了一段长达数年的禁欲期，我在这期间努力适应这种"新常态"。我担心要是说出这个情况，任何新的感情都会很快结束。但这种担忧并没有发生。我在那个年纪不太自信，当然也不知道该如何解释自己的状况，尤其是在谈恋爱的时候。经过不断尝试和犯错，我最终找到了合适的表达方式：我常常会带着一丝幽默补充说，我带来的是"不脏乱、不麻烦的性爱"，也"更安全"。

"报告显示不管是前列腺癌还是膀胱癌，许多治疗方案如手术、放疗，都会导致约85%的男性患者出现性功能问题。"纪念斯隆-凯特琳癌症中心精神病学服务主任克里斯蒂安·尼尔森（Christian Nelson）告诉我，"与这些治疗相关的最突出的性功能障碍是勃起困难，也就是勃起功能障碍。"他补充道。

得知我手术后有好几年都没有过性行为，尼尔森并不惊讶。他清楚当身体的某些功能不能正常发挥作用时，很多男性都"会感到沮丧，有时甚至是羞耻……从而导致他们刻意回避性生活"。他采取的疗法是帮助男性选择和使用一些药物以及阴茎注射剂，"帮助他们重新在性方面活跃起来，重新开始约会，重新进入亲密关系"。

真希望当年我能获得这样的专业支持！

可别以为只有接受过癌症治疗才会患上性功能障碍。杜克癌症研究所前列腺和泌尿系统癌症中心联合主任布兰特·英曼（Brant Inman）的研究领域是男性性功能，他表示吸烟、糖尿病或者高血压都可能导致男性出现这方面的问题，但最主要的致病因素还是年龄增长。他解释道，与年龄相关的性功能障碍通常是由血管问题引起的，也就是"流向阴茎的血液流动受到了损害"。换句话说，即便没有癌症治疗这一诱因，我也极有可能由于其他原因最终患上性功能障碍，这就像美国退休人员协会会员卡会如期而至一样。

我和几位男性讨论了这些问题，为保护隐私，受访男性均为匿名。其中一位是来自曼哈顿的60岁艺术品经销商，他告诉我他多年来一直无法勃起，为此感到"极其沮丧和尴尬"。他跟伴侣解释自己出现这状况是药物副作用，大概率真是如此，毕竟他服用的抗抑郁药的确可能影响性功能。一位伴侣回应他："亲密的意义在于过程而不是终点。"他说这种温和的接纳态度能帮助他放松下来。

一位50岁的广告主管表示，勃起障碍一直困扰着他。由于羞于去医院就诊，他便从朋友那里买了相关药物。这些药有点效果但仍未解决问题，他依旧无法达到性高潮。考虑到药物来源不正规，他即便如此还是没有勇气去医院。

英曼主任理解这种心态，不过也反问道："你会从街头小贩那儿买降胆固醇或降血压的药吗?"答案显然是否定的。因为你从小贩处买药时无法确定剂量(有效成分的毫克数)和质量(有效成分与填充剂的比例),很可能让自己陷入危险。英曼主任鼓励男性对医生坦诚相告,以便获得最佳治疗。

然而,对于有性功能障碍的男性而言,难处不仅在于向医生坦白,何时以及如何告知伴侣也是个棘手问题。是在脱衣服前说,还是亲密行为结束后讲呢?尼尔森医生认为这得视情况而定。

尼尔森医生告诉我,瞒着伴侣吃药相对容易,但像注射药物辅助勃起这类治疗,想瞒着伴侣可就难多了。尼尔森说:"确实有男性没把自己使用注射疗法的事告诉新伴侣。他们走进浴室,进行注射,10分钟后开始性行为。"不过他建议若打算采用注射疗法,最好提前和伴侣商量。这样做一来能避免关键时刻让伴侣感到突兀,二来也能减轻隐瞒带来的羞耻感。

有时候坦诚道出自己的性功能障碍会让你发现并不孤单,我和一位交往了一阵子的对象就有这样的经历。对方的信任让我说出了自己的情况,结果我们之间的亲密感愈发深厚。我渐渐明白这也是衡量性满意度的一种别样方式。

我不敢说自己对老年女性性问题的了解能和对男性性问题的了解一样深入,但我清楚年龄增长带来的性方面挑战并非男性专属，这些问题对女性而言同样难以言说。随着年龄增长，女性性功能障碍愈发常见，像阴道干涩、性交疼痛，以及性唤起困难、性高潮能力下降等问题屡见不鲜。遗憾的是虽然一直有"女性版伟哥"产品的说法，但目前并没有像治疗男性阳痿的药物、真空泵或注射疗法那样的方法能有效治疗女性性功能障碍。

这并不意味着老年女性就不想继续有性生活。从人口统计学角度看，她们面临着不利状况：从40岁起，女性人数就多于男性，到了85岁，美国女性数量更是男性的5倍。即便如此她们依旧有性需求，女性常常通过自慰来满足自己。

我特别喜欢网飞剧集《格蕾丝与弗兰基》(*Grace and Frankie*)里的一条情节线，聚焦于主角们研发一款专为老年女性设计的振动棒。主演莉莉·汤姆林（Lily Tomlin）和简·方达（Jane Fonda）如今都已80多岁。剧中简·方达饰演的格蕾丝因使用普通振动棒患上了腕管综合征，于是两人着手开发一款名为"与我共欢"的产品。这款振动棒有诸多贴心设计：配备柔软易握的凝胶套，设有超大号夜光控制按钮（方便使用，不用再伤患关节炎的手腕），顶端角度也经过精心设计。简·方达谈及这条情节线时表示："它给了我们希望，让我们不再那么惧怕衰老。"我期望它也能为老年女性带来更多欢愉。

我想说的是，不管年龄多大，我们都不该放弃对性体验和性满足的追求。同时我也发现，年轻时能让我获得快乐的事如今已大不相同。我坚定地认为：我会毫无顾虑地说出自己的需求，并且会满心欢喜地接纳新的方式，因为这同样能让我获得满足，只不过方式变了而已。

我不会回避照镜子
看到赤裸的自己

我身上有一道明显的印记，它提醒着我多年前做的癌症手术，我称之为"那道伤疤"。我花了几十年的时间才学会接受它，甚至还为此感到些许自豪，我保证我不会再对未来的伴侣——或者对自己——隐瞒它。

私教卡莉让我趴在垫子上，做一组难度颇高的侧腹肌训练动作。这时我的T恤往上滑，露出了一道伤疤。这道伤疤足有12英寸⊖长，从肚脐下方一直延伸到胸骨。卡莉立刻问道："你这伤疤是怎么来的？"

"我的"伤疤，我真切地觉得它是我的一部分，它已经伴随我30多年了。可要回答卡莉的问题并不容易。我起初想装作没听见，但她知道我听力没问题。我瞬间闪过一个念头，要不撒个谎："我肚子上中过枪。"这说法听起来也没那么离谱，我曾认识一个人，他肚子上类似的伤疤就是枪伤留下的。但最终我还是选择了实话实说："这是多年前癌症手术留下的。"我就这样暴露了"癌症俱乐部"成员的身份。

1984年，我做了一场切除腹腔内癌性淋巴结的手术，手术时长8小时。术后，我在医院恢复了两周，然后带着一些额外的止痛药、更换手术敷料的说明以及那道伤口回了家。那道伤口其实很特别，用丝线缝合，金属线加固，还钉了防锈钉。当时我是一个26岁的单身男人，从那之后，我一直在努力接受这道伤疤的意义，思考该如何谈及它，尤其是在面对新的亲密关系时。

⊖ 约30.48厘米。

伤口又红又疼，十分显眼，那时我的胸腹部毛发还没重新长出来，我完全不想让任何人看到它。我在更衣室或者海滩会拒绝脱掉上衣，也不想回答诸如卡莉问的"这伤疤怎么来的？"这类问题。

我自己也对它避之不及。即使独自在家，我也会在黑暗的房间里脱衣服，以免瞥见它。偶尔洗完澡，药柜镜子里映出那道粗糙的疤痕能瞬间勾起我复杂的情绪。伤疤不只难看，还意味着我年轻时那种无坚不摧的感觉已荡然无存，而且自然而然地，它唤起了我对癌症复发甚至更可怕情况的恐惧。

我既不想让任何人看到这道伤疤，也不愿别人知晓我的这些感受。事实证明这样的想法极为普遍。杜克大学小儿整形外科主任杰弗里·马库斯（Jeffrey Marcus）医生在其20年的行医生涯中治疗过数千名患者，他表示每个人对于伤疤这类毁容的反应都极为个体化。"伤疤是一种身体畸形，是身体上的一处异样。"他解释道，伤疤会引发身份认同的问题，因为别人"常常会依据他们看到的事物对一个人的吸引力、智力乃至能力妄下结论或揣测"。

我深信别人依据这道伤疤评判的绝不只是我的外表，还有我的吸引力。单身的我陷入了一系列令人苦恼的两难困境。当我初次与某人亲密接触时，该怎么办呢？没有什么比冷不丁来一句"嘿，我有一道很长的伤疤，因为我得过癌症！"更能扫人兴致的了。在和几位有可能发展成为伴侣的对象经历了几次尴尬的尝试之后，我禁欲了好几年。癌症引发的性方面的副作用也是我禁欲的原因之一。

当我终于再次开始约会时，我总会把灯光尽量调暗，甚至会全关掉，而且在床上也穿着背心。我希望别人觉得我只是害羞，而非心怀羞愧。我的大多数约会对象人都不错，或许他们有点近视，又或许他们也同样腼腆。

有一次，一个人问起了我的伤疤，没过多久就与我分开了。这并非因为伤疤外观或者其他方面的后遗症，纯粹是癌症本身的缘故。对方说："我刚刚安葬了因癌症离世的伴侣，我不想再经历那样的痛苦。"《美国残疾人法案》或许能保护癌症患者（以及其他患有严重疾病的人）在工作中免受歧视，但在私人的亲密关系里，我们只能独自面对。

我大约到了35岁时，那道伤疤渐渐变浅变淡了。我曾经的羞愧感随着时间的推移，慢慢变成了单纯的害羞，而后我开始逐渐接纳它。我敢在海滩上脱掉上衣了，在卧室里也能坦然赤裸着身体，甚至还会注视镜中的自己。快到50岁时，我结婚了，带着那道伤疤和与之相关的一切。这便是接纳，也是对自我的接纳。

曾经那道伤疤无情地提醒着我曾患病，而如今它已全然变了模样，成了我劫后余生的证明。一天下午，我读着科马克·麦卡锡（Cormac McCarthy）的《天下骏马》（*All the Pretty Horses*），看到这样一句话时不禁停了下来："伤疤有着一种奇特的力量，能让我们铭记过去真实存在过。"

那道伤疤如今已如同我的护身符，是我与过去之间看得见且历久弥新的纽带。就像整形外科医生杰夫·马库斯所说："有些差异也能带来积极的意义。"

我和伴侣一起生活了14年，最终还是离了婚，又重新开始约会。显然我已不再年轻，是否更加睿智还有待时间检验。不过我也留意到了一些积极的变化，那些潜在的约会对象——至少和我同龄的那些人——身上或多或少都有伤疤，有的是心脏搭桥手术留下的，有的来自各类癌症手术，还有的是运动相关手术所致。伤疤就如同与年龄相关的障碍一样已然成了一种新常态。哈哈，上了年纪都这样！

尽管偶尔还会感到些许不安，但我在手术后的几十年里始终坚信：这道伤疤是我劫后余生的证明，没有它我仿佛不再完整，它将我重新连接在一起。时间或许能治愈一切伤痛，即便无法消除所有伤疤，我也坦然接受。

如果你想让我脱下衣服，大可开口。我很可能会答应你。

我不会沦为痛苦怨怼者、暴躁老顽固与阴郁的坏脾气老头

一位风趣又睿智的癌症科护士曾提醒年轻时的我，在灰暗的日子里保持欢笑至关重要。我保证要去寻找变老过程中幽默的一面，而不是变成一个动辄发脾气的老头。

我对梅尔·布鲁克斯（Mel Brooks）的喜爱，那是绝对且毫无保留的。《新科学怪人》（*Young Frankenstein*）、《紧张大师》（*High Anxiety*），类似佳作我能一口气列举下去。在我撰写这篇文章时，他都已经94岁高龄了，仿佛永远活力满满。那他保持活力的秘诀是什么呢？他说："幽默能让老年人哼着小曲儿一路前行。当你开怀大笑时，这是肺部的自然舒展。于是你畅快呼吸，血液加速流动，身体的各项机能都活跃起来。要是你不笑，就会枯萎。"

　　1984年，我住进了纪念斯隆·凯特琳癌症中心。我那时虽不是生命垂危，但也实在笑不出来，恐惧到甚至尿了裤子。而且我一入院就和护士起了争执，并非因为第二天那场长达8小时的手术，而是因为我那张窄小病床上质量不佳的床单。事情是这样的，她先跟我讲了讲第二天的情况，算是打个预防针："你最好现在睡会儿，明天你会感觉像被一辆马克卡车用一挡和倒挡来回碾压。"我知道自己当时的表现既自负又荒唐，可我这个若非400支埃及棉或更优质床单就难以入眠的人，还是忍不住问："让我睡在棉涤混纺的床单上，怎么能指望睡好觉？"当时我还没意识到在医院里睡个好觉是不切实际的奢望。护士很直率地回应："你最好把心思放在真正重要的事情上。"

　　她紧接着俏皮地眨了眨眼，补充道："那些所谓的'棉涤'

床单里面可一丝棉花都没有，实际上全是聚酯纤维。"

她率先笑出声来，我父母也跟着笑了，最终我也忍不住笑了。护士这句诙谐的话就像推倒了第一块多米诺骨牌，引发了内啡肽的连锁释放，那种愉悦的荷尔蒙反应将我们所有人都包裹其中。

诺曼·卡曾斯（Norman Cousins）发起过一场倡导患者与医生合作、借助幽默增强身体自愈能力的革命，至今已有40多年了。卡曾斯曾被诊断出患有一种会导致身体残疾且无法治愈的疾病，当时根本没有已知的治疗方法。当其他所有办法都宣告失败时，以"笑是最好的药"这句话而广为人知的卡曾斯，用自己不减的幽默感，有力证明了心理能成为强效的治愈工具。他的代表作《疾病的解剖：患者的视角》（*Anatomy of an Illness: As Perceived by the Patient*）在我被诊断出癌症的5年前就已出版。朋友海伦娜早早将这本书送给我，还叮嘱我"要挖掘自己内心的幽默感"。我当时回应道："我这情况，实在没什么好笑的。"海伦娜只说了句："读读这本书吧！"于是我照做了，很快就喜欢上了卡曾斯以及他关于欢笑与希望的理念。我至今还留着那本1979年的初版书，书中一些段落被我画了线，比如这两段：

10分钟发自肺腑、酣畅淋漓的大笑，具有麻醉功效，能让我至少无痛安睡2小时。

正如一些医学研究人员推测，笑对激活内啡肽以及强化呼吸功能的作用尚不明确，但有一点似乎确凿无疑：笑是消除忧虑与恐慌的一剂良方。

他的书出版后，科学证实了卡曾斯的观点。有研究表明，笑的确是一种强效的内啡肽释放剂。对科学感兴趣的人可以继续了解：笑会促使神经递质血清素释放，这与最常见的抗抑郁药物——选择性血清素再摄取抑制剂（SSRIs）所提升的大脑化学物质相同。血清素能缓解疼痛、提升工作表现、增进情感联系，还能改善心脏和大脑的氧气供应，让我们产生愉悦感。

当然，当人处于焦虑、痛苦或恐惧之中时，要笑出来或者保持幽默感实在是难如登天。但反之亦然，人很难一边大笑，一边心怀恐惧。纪念斯隆·凯特琳癌症中心的那位护士深谙此道，所以她才会兴致勃勃地告诉我医院的床单是用最优质的聚酯纤维制成的，这种调侃打破了恐惧，让我能更从容地面对即将到来的手术。

当幽默涉及疾病尤其是更为沉重的、即将来临的死亡这类话题时，分寸的把握极为微妙。我记得几年前，《柯南秀》

（*Conan*）的喜剧编剧劳里·基尔马丁（Laurie Kilmartin）开始在推特上向她的数万名粉丝分享她父亲生命最后的时光。她在父亲病床边发出的推文，既有基尔马丁标志性的黑色幽默："情人节那天，我给爸爸一张杰西潘尼店（JCPenney）的礼品卡，还对他说：'爸，希望这卡比你先过期'。"又饱含真挚情感："很难离开爸爸身边，我就像飞蛾扑火般被他吸引，可那火焰即将熄灭。"父亲离世后，基尔马丁在推特上发了一条诚挚的消息："嘿，大家，爸爸大概1小时前走了。感谢大家的信息，他要是知道有这么多陌生人惦记着他，一定会很惊讶。""但是我要不要提醒那个把'对你失去父亲表示哀悼'写错的朋友呢？"她发文问道。

基尔马丁的父亲能接受这种幽默，我妈妈在很大程度上也是如此。她带着愉悦的心情和幽默的态度度过了生命中的最后几年。妈妈每天早上读《纽约时报》时都会径直翻到讣告版。有一天，她厌恶地扔下报纸，大声说道："天哪！我太老了，这些去世的人我一个都不认识。"后来随着生命临近终点，妈妈的身体愈发不好，她说："我真觉得我快不行了。"我回应道："你是说今天吗？我正打算去超市，要是你真这么觉得，我就不帮你买东西了。""你可真逗！"她回我，"晚餐吃什么？"

我深入钻研过不少研究，它们都认定老年人脾气暴躁、缺乏幽默感。有个标题更为直白：《绝非玩笑：幽默感会随年龄下降》。还有研究称："我们十几岁时笑的次数是50多岁时的2倍。"我承认自己就是这样，但主要是因为我在十几岁的时候大部分时间都迷迷糊糊的。那个首席研究员还接着说："研究结果显示，从52岁开始情况就越来越糟了。"我肯定不想跟这个人一起吃饭。

实际上我认为剧作家乔治·萧伯纳（George Bernard Shaw）说得在理，他曾言："我们并非因变老而停止玩乐，而是因停止玩乐才变老。"我发誓，只要一息尚存，我就会笑声不断，哪怕对我而言同时保持呼吸和欢笑愈发艰难。

我不会放过任何一次上厕所的机会，即便并非急需

传闻伊丽莎白二世女王曾说，君主成功的关键之一便是永远不错过上厕所的机会。如今我起夜的频率比从前高了许多，我要将这个建议牢记于心，也记在膀胱"里"。

我在50岁之前的排尿频次相当正常，如果有人统计的话便能知晓。我的泌尿科医生是个十分友善的加拿大人，他告诉我正常情况下人一天大约排尿6次，照此计算，一年的排尿总数不到2200次。过去很多年，我一直符合这个标准。

年轻时我从未关注过这类事情，我能一觉睡到天亮，无须半夜起来上厕所。我乘飞机从美国东海岸飞到西海岸，即便坐在中间座位也不用起身去洗手间。我并非在炫耀，但在这方面我确实没有任何困扰。直到50岁，情况才开始发生变化。

确实，刚满50岁，我就察觉到情况在悄悄起变化的早期迹象。可很长时间里，我都想要忽视它们。然而渐渐地，我开始夜里起床一次去"方便"一下，后来变成两次，最终我意识到自己在排尿这件事上不太正常，于是睡前必定会去趟厕所。

很快，开车上班（其实不管开车去哪儿）前，我肯定得去"方便"；剧院幕布拉开前，我也得去一趟；乘飞机时只要条件允许，起飞前我会去两次厕所（减少飞行前的咖啡因摄入很有帮助，多花几美元买个靠过道的座位同样有用）。我开始格外留意州际公路上的那些路标——"距离下一个休息站还有60英里[⊖]"。哪怕当时还没有尿意，只要到达下一个休息站需要20

⊖ 约96.56千米。

分钟以上，我就会停车去趟厕所。

直到有一天，我失算了。我从莫哈韦沙漠沿着10号州际公路驱车前往洛杉矶国际机场，路程大约150英里[⊖]。由于车道封闭和交通事故，我已经严重晚点，于是决定跳过路程中"保险起见的方便"以省时间。交通十分拥堵，我开车朝着洛杉矶国际机场缓缓挪动。起初，我感觉到膀胱开始发胀，随后，它仿佛即将决堤的河流达到了极限。我集中精力，使出在瑜伽中学过的增强会阴力量的所有招式来锻炼盆底肌肉——本质上就是凯格尔运动。我在心里默念"一、二、三、四、五"，然后收缩盆底肌肉，接着放松，同样数到五。刚做完第二组，我明白得另想办法了。

我伸手去拿早已喝空的水瓶，打算把它当作临时"尿杯"，同时心里直埋怨自己，怎么喝了这么多水。郑重说明：在车流时走时停的情况下开车，拉开拉链对着窄口塑料瓶小便，不仅很困难且极不卫生。"再也不干这种事了。"我暗暗发誓。

真希望在那之前，我就读过那篇超实用的文章《如何在瓶子里小便》。维基百科上的分步指南给出了这些必要的基本建议：

⊖　约241.4千米。

"记住：瓶子大点儿比小点儿好。"

"像佳得乐和宝矿力水特这类运动饮料瓶，瓶口往往更宽。"

"你得避免被人看到，毕竟在他人面前暴露自己，既尴尬又违法。"

我在脸书上向朋友们坦白了这次"潮湿的噩梦经历"，他们很快就分享了自己那些提前做好周全计划的时刻和场景。说实话，得知很多和我年纪相仿的男男女女都有更频繁的排尿需求时，我松了一口气。

咱们把话挑明了：你永远不知道什么时候会突然有尿意，就像前面说的在10号州际公路上的经历就可能出现。其他人也可能经历过：在飞机的中间座位上，在地铁里，在电影院中，看戏剧时，做礼拜时，下班回家路上吊桥意外升起时等，这些都有可能。

正因如此，我认识的一位音乐指挥每次听到"指挥到乐池就位"，在走上指挥台指挥歌剧前，总会反复自问："你确定不用去趟洗手间吗？"还有，我的一位同事以他所谓的"预防性小便"而出名，这招特别管用，他说有一次"被困在温哥华凯悦酒店电梯里长达一个半小时的时候，我当时就庆幸自己刚在房间里上过厕所。"

幸运的是，如今互联网上满是针对这一问题的自制解决办法。有个人设计出了他所谓的"避孕套导尿管装置"，其材料包括一个1加仑[⊖]的水壶、5英尺[⊜]长的橡胶管、一卷胶带、一个避孕套以及一些婴儿湿巾。这个装置显然在早期临床试验中可行，但在现实生活里却行不通。就像他写的那样："穿戴或使用起来真不太舒服，而且阴茎被尿液浸湿的感觉可太糟糕了。"

最后，我把话语权交还给伊丽莎白女王，这是她应得的。据一位匿名的王室消息人士称，女王的长子、已经77岁的查尔斯国王曾被记者问道，女王给他关于如何成为国王的最佳建议是什么。他回答道："永远不要错过上厕所的机会。"这位年过七旬的国王道出了真谛。

⊖ 约3.79升。

⊜ 约1.52米。

我不会再对医生撒谎，因为谎言可能致命

在门诊和医生谈论身体出了问题、机能衰退以及需要恢复，实在没什么乐趣。或许我不认同医嘱，但我不会在没有按时服药、锻炼或者好好睡觉的时候却谎称自己做到了。

美国卫生局前局长C.埃弗里特·库普（C.Everett Koop）曾讲过："药物对不遵医嘱者无效。"这话瞬间让我想起了父亲。他嘴上一直坚称在按时吃降压药，可实际呢，却偷偷把药片吐进马桶。有一回他忘了冲水，我在马桶里发现了证据。那天下午，父亲的收缩压猛地飙升到危险值180，我只能赶紧拨打911。接线员语气冷静地说："我们马上派救护车，他很可能会突发严重中风。"急救人员赶到公寓，确认父亲血压高得危险，这时父亲才承认了我早就猜到的事：他根本就没在吃降压药。

再说说我母亲，我多次听她对医生撒同一个谎。医生问："佩特罗夫人，您不再抽烟了吧？"她会回答："当然不抽了。"可一回到家，她就走到书桌前拿出一副牌，像是要玩儿单人纸牌游戏。但牌盒里根本没牌，只有香烟。她公然对医生隐瞒自己最大的健康隐患之一，却没有丝毫不安。

唉，我父母绝非个例。人们向来就爱对医生说谎，也不愿遵循医嘱。研究表明20%至30%的老年人根本就没拿开好的处方去配药，而且几乎一半用于治疗慢性病的药物，老年人也都未按规定服用。那些会服药的人就算能记起来吃药，也常常只吃医嘱剂量的一半。有时他们（或者说我们）还会按以前的处方甚至借别人的药来吃，并且不告诉医生。

不遵医嘱的原因各种各样。有些人即便身患重病，也不相信药物的作用。还有些人觉得感觉良好就没必要吃药，或是嫌药太贵（说实话，医保情况不同，药费差异很大，有的药贵得让人承受不起）。一些朋友坦白说他们也是不遵医嘱的人。一位同事把这归咎于记性差："我以前老忘吃降压药，后来开始头晕，所以现在我更加注意了。"可后来她停服了抗癫痫药，结果中风了，她说："我讨厌中风恢复期间行动受限的感觉，再也不想那样了，所以现在我总是按时吃抗癫痫药。"这教训太惨痛了。

不遵医嘱可能会带来致命后果，美国每年因不遵医嘱导致的死亡人数大约为12.5万，住院率高达10%。

曾经我还义正词严地要求父亲对医生坦诚，好像自己是个道德模范似的。我居高临下地教训他："漏服药物还隐瞒，这只会害了你自己！"然而在严格要求父亲按时用药的同时，我自己却对遵医嘱这件事毫不在意。60岁时，我的药柜里堆满了各种药，简直像个药品展览柜：有立普妥（Lipitor）、依折麦布（Zetia）、烟酸缓释片（Niaspan）和小剂量阿司匹林，这些都是治疗心血管疾病的；有来士普（Lexapro），用于抗抑郁；必要时还会服用蓝色的索纳塔安眠药（Sonata）和克诺平（Klonopin），用于抗焦虑，这种药按不同剂量呈现出蓝、黄、白、绿、橙等好几种颜色。

每次医生问我是否按时服用了所有药物，我都会回答："是的。"我想给医生留下好病人的印象，不想被指责。但实际上，到了月底，我会有几天不按时服药，这样就能让那些昂贵的处方药用得久一些。比如，每个月治疗心脏病的药加起来都要花几百美元，常常自我安慰："少吃几天药能有多大影响呢？"我跟一个朋友说了这事，她承认自己有一种药每个月要花477美元，所以她会一次停服一个星期。另一个朋友说她父亲为了节省降压药，把每天服药改成了隔天服一次。这办法确实省钱，可后来他因一次严重的——而且可能本可避免的——心脏病发作去世了。

美国国家犹太医学中心健康促进科的联合主任布鲁斯·本德（Bruce Bender）向《纽约时报》透露："人们常常会试着停药几个星期，如果感觉没什么变化，就不再继续服药了。这种情况在治疗像心脏病和高血压这类'无症状'的疾病时尤其普遍。不按时服药的不良后果虽然可能不会马上显现，但从长远看可能会造成严重危害。"

我明白这些道理，可我又觉得挺了解自己身体状况的。我想，要是调整一下每天服用的抗抑郁药剂量，应该能避免严重危害。和许多服用选择性血清素再摄取抑制剂（SSRI）［包括百忧解（Prozac）、左洛复（Zoloft）和艾司西酞普兰

（Lexapro）等〕的人一样，我察觉到性功能方面出现了严重不良反应，对性生活影响很大。哥伦比亚大学医学中心的临床精神病学教授大卫·赫勒斯坦（David Hellerstein）博士解释说："这类药物会影响性欲、性唤起以及性高潮。"我在这方面本就困扰不少，不想再添新麻烦。

于是我没咨询医生就擅自减少了药量。

我只能这样形容接下来发生的事：几天后，我的脑海里仿佛突然打开了一道暗门，整个人一头栽进了抑郁的黑暗深渊。我之前确实在网上了解过突然停用像艾司西酞普兰这类药物，可能会出现"极其严重的情绪和身体症状"。可我怎么也没想到，几乎所有症状一股脑儿全找上了我：焦虑、烦躁、恐慌、抑郁、易怒、躁狂，还有一系列怪异感觉，比如自杀念头、大脑电击感、针刺感、耳鸣，以及对声音过度敏感。更没想到，仅仅是减少剂量并非完全停药，就引发了这一连串糟糕的情绪和副作用。

我赶紧给医生打电话求助，他让我立刻恢复到之前的药量。

如今我明白了是什么促使我以及无数人不遵医嘱。每天要吃若干片药会时刻提醒着我有慢性健康问题，对着浴室镜子端详自己时，我看到的是一个健康有活力的人，然而一打开药柜，面对的却是一个患有心脏病、抑郁症、焦虑症、失眠症的自己。一位患有心脏病的朋友在被医生问及为何不遵医嘱时，解释道："药物会让人想起自己是个病人，可谁愿意生病呢？"况且这和抗生素不一样，抗生素可能只需服用7天或10天，而这些药物往往需要终身服用。

亲身经历了擅自改变药量引发的后果后，我买了一个7天药盒来确保按时服药。每次我想跳过服药时，就会想到下次打开药盒，那些本该服用却还在盒中的药片会像罪证一样摆在眼前，这至少能起到提醒作用。父亲隐瞒未服降压药、险些中风的事也时刻警醒着我。

我告诫自己：从现在起，要记住医生拥有我所没有的——医学学位。从长远来看，对医生诚实才是最佳选择，这也更有助于我延年益寿。

我不会拒绝改变
生活方式

"无论如何，坚持到底"或许是政坛的励志格
言，但随着年龄增长，固执和抗拒绝不该成
为我们的特质。学会灵活变通，跳出思维定
式，往往能带来意义深远的改变。

随着时间的推移，我越发深陷于某些固定模式，尤其是我那"步行、进食、瑜伽"的周日清晨惯例。多年来的每个周日，我都会先带着杰克罗素㹴犬佐伊沿河散步，吃一顿简单的早餐，然后去上"正念瑜伽"课，完成一系列体式练习。然而在某一节瑜伽课上，我突然意识到，这些曾经给我带来舒适感的模式已然变成了禁锢思维的枷锁。

这种顿悟让我在读到美国国立卫生研究院的那篇题为《我父母太固执》的研究时，不禁哑然失笑，因为文章描述的简直就是我父母。该研究指出，年长的父母在面对子女建议时，往往表现得"坚持己见、抗拒改变或者固执……概言之就是顽固"。

唉，我的父母年纪越大，就越发固执。妈妈死活不肯收起那些小地毯，尽管爸爸已经被它们绊倒过一次又一次，"我就喜欢它们现在这样摆着。"她坚持道。爸爸在多次摔倒后，我们好不容易说服他找了个杂工在淋浴间装上了扶手，可第二天他又把人叫回来拆掉了，他说："我不喜欢扶手。"

我可不想变得像父母那样"坚持己见、抗拒改变或者固执"，尽管有时候我也担心自己正朝着那个方向发展，这又让我想起一些越来越深陷其中的习惯。一个周日，我去上瑜伽课，发现老师艾米盘腿坐在房间的另一边，那地方比她平常的位置更昏暗些。"这是怎么回事呀？"我一边问，一边努力适应新布局。"你待会儿就知道了。"她说道。以前我从未想过这个问题，但一直以来有艾米在房间里作为参照，我很清楚自己该待在什么位置。可现在情况变了，我手忙脚乱，都不知道该把瑜伽垫铺在哪儿。

结果，这堂课的主题是"习惯"。艾米把习惯定义为"我们通过自我训练而形成的行动和反应方式，几乎变成了下意识的自动行为"。随后她又补充道："习惯就如同我们大脑里的凹槽。"这些凹槽会随着我们年龄的增长越来越深。"我们通常会觉得改变是件坏事，"艾米继续说道，试图让满屋子困惑的、头发花白的学员接受她的观点，"我希望大家试着把改变仅仅看作是一种不同，不要赋予它好或坏的价值判断。"

艾米还提醒大家上一周布置的家庭作业："刷牙时别再像往常那样双腿站立，试试单腿站着，下次再换另一条腿。我希望大家做点改变，锻炼一下平衡能力。"

可我内心那个唠叨的声音却不停抱怨着：我喜欢自己的日常习惯，我很享受这种"墨守成规"的状态，谢谢。而且我不喜欢艾米坐在后墙的阴影里，也不喜欢自己得把脑袋转向另一个——在我看来错误的——方向，最重要的是我喜欢那种不用思考就能找到位置坐下的感觉。在这堂本应专注正念的瑜伽课上，我却完全没有做到正念，因为我早已习惯了径直占据那个熟悉的位置。

我细细思量时，意识到在生活的许多方面皆是如此。尽管我有改变习惯的能力，但真要挣脱旧习惯依旧困难重重。比如几年前在一次徒步时，我在雾中迷了路，找不到那轮为我指引回家方向的满月。我知道月亮这个地球的近邻就在天上，因为早些时候我看到它升起，而后才消失在浓雾之中。为了重新找到月亮，我缓缓地转了一圈，但是在360度的范围里，除了浓浓的雾气我什么也没看见。那一刻我心里有些慌了。即便如此，我还是继续转着圈寻找。一遍又一遍，可我依旧迷失在雾中。不断尝试，却不断失败，再尝试，还是失败，然后继续尝试。

最后我突然顿悟了。几年前，因为杂志社的约稿任务，我这个城市长大的人去拜访了一位"马语者"。他让我们做一项看似简单的任务：让一匹马抬起蹄子。当时我心里还想："这能有多难呢？"然而我尝试了十几次，又是柔声哄劝，又是厉声呵斥，甚至用零食贿赂，到最后我都试图强行抬起那匹马的蹄子了，可结果统统以失败告终。当我的耐心被消磨得差不多的时候，那位马语者走过来，教导我说："要是你想得到不一样的结果，就必须找到不一样的方法。"

最终我明白了，必须改变做事的意图。于是，我以一种主人的姿态走向那匹马，没想到它竟然顺从地抬起了蹄子。

在迷雾中挣扎的我突然想起了这一教训。"嘿，史蒂文，这法子没用，你得换种方式。"这句话仿佛一道光穿透了我思维的迷雾。于是我朝着自认为是太平洋所在的方向（而不是悬崖那边）前进了10码$^{\ominus}$，就在这时，雾气渐渐散开，月光若隐若现，像是在向我示意：我终于得救了。凭借正念——或者说那种觉醒的意识，我找到了新的解决办法。

这一切看似如此简单，却又极具颠覆性。

回到瑜伽课堂上，艾米改变了原本的瑜伽动作流程，这让当天的课堂变得更加混乱不堪，我心里对她的讨厌又多了几分。她完全打破了长久以来的传统，原本从左到右的顺序变成了从右到左，实在让人摸不着头脑！而且不只是我一个人有这样的感觉，此时班上大约2/3的同学都朝向了错误的方向，场面简直一团糟。

不过，眼前的混乱场面让我陷入了思考：我每天早上都会沿着同一条路线遛狗；刮胡子时也总是从下往上保持着同一个方向；每个周日下午，必定会给父母打电话。这样的例子，我

$\ominus$　约9.14米。

能一直列举下去……我觉得这些算是流于表面的习惯，正是这些习惯让我无须过多思考就能度过一天，按部就班地做着一件又一件事。但这也让我不禁产生疑问：难道我一直都在浑浑噩噩地生活吗？

当做到"火焰式"这个瑜伽姿势时，艾米又一次让人猝不及防地道："把腿换个位置，让另一条腿放在上面。"可我根本无法完成这个动作，由于髋关节过于僵硬，我实在没办法做出改变。

课程终于结束了，我长长地舒了一口气。我感觉这节课格外漫长，因为一直看向"错误"的方向，我的脖子变得僵硬无比。而且不同于往常跟着感觉走，这节课我不得不全神贯注地听着艾米的指令，精神上也疲惫到了极点。

我又听到艾米的提醒："借助正念，我们能够有意识地选择一种全新且不同的行动方式。"

我将她的教导牢记于心，第二天一早便付诸行动。我带着狗狗朝着与平常相反的"错误"方向散步，尽管小狗佐伊一直执着地想走老路。行走间，清晨的阳光洒在我的另一侧脸上，我这才意识到周围的一切都如此不同。我第一次留意到一棵漂亮的山核桃树，邻居家的游泳池在树篱间若隐若现。更不用说人行道上的裂缝和台阶，都需要我重新去关注。与此同时，佐伊仿佛发现了一个全新的世界，兴致勃勃地到处嗅闻，还不时留下自己的标记。

这段经历让我开始反思自己那些更为根深蒂固的习惯，正是这些习惯，让我在生活中缺乏正念，与自我和他人都疏于联结。我总是习惯先理性思考，而后才顾及自身感受；遇到问题时常常选择逃避，而非勇敢面对。不断尝试，却又不断失败，再尝试，再失败，接着继续尝试。我是不是该重新审视一下这些习惯呢？

瑜伽课结束时，艾米布置了一项家庭作业："明早醒来时对自己说一个词：感恩。"

第二天我一睁开眼睛，便下意识地伸手去拿手机，大脑里嗡嗡作响，满是当天待办事项的清单。那个小小的声音已经在发号施令："做这个，然后做那个。"然而，在双脚还未落地之时，我突然想起了要说"感恩"。这简单的两个字仿佛一道屏障，瞬间隔绝了脑海中的喧嚣，让我平静了下来，注意力得以集中。这个看似微不足道的词打破了我平日里开启新一天的惯常模式。那一天，我没有再浑浑噩噩地度过。

坚守承诺并非易事。但已逐渐步入暮年的我发誓，自己要保持灵活变通的心态，绝不重新陷入固执己见、抗拒改变的境地。

我不会一有人问 "你好吗"，就大谈人生经历

实际上，这句"你好吗"差不多算是个寒暄，几乎不能算真正的问题！而且根本没人真心想听别人说关节僵硬、消化不良或者更糟糕的状况。我会记住，对于这个问题的最佳回答往往是"挺好的，谢谢，你呢？"

"最近过得如何？"在休息室里，我听到一位同事随口问另一位同事。对方回答："我太难过了，刚听说我女儿朋友的妹妹被诊断出患了癌症。虽说这种病治愈率挺高，但这打击对一个年轻女孩而言实在太沉重了……"哇哦！慢着，从你提到"女儿朋友的……"时，我就跟不上思路了。

"你好吗"尽管看起来像疑问句，其实算不上是真正的问题。它更像是一种问候、一种寒暄，意思跟"你好"差不多。合适的回应通常很简单，比如"挺好的，你呢？"或者"不错，谢谢！"在工作场合，你或许还能再活力满满地加一句："真高兴今天是周五！"但到此为止。可以这么理解这个所谓的"问题"：当你对十几岁的孩子或者配偶说"你能把垃圾倒一下吗"，你并非真的在询问他们会不会去做，用问句只是为了显得客气一点。

所以当有人问"你好吗"，你在如实作答前得慎重考虑。当然具体情境很关键，要考虑交谈对象是亲戚、朋友，还是同事；也要想想自己是否患病，真实感受如何，愿不愿意分享。

这里有个简单的参考准则。

第一种情况：假设你身患重病或慢性病，一个你几乎不认识的人问"你好吗"，这实际上就跟说"嗨"没什么区别，这人对你的健康状况并不是真的感兴趣。这时你可以回答："挺好的，你呢"或者"我过得不错，谢谢你的问候"。我得承认，刚确诊癌症后的那几个月，我常常回答得过于详细："我既沮丧又愤怒，还很害怕。"我经常这样滔滔不绝。时间紧张的时候，我想出了一个简洁又巧妙的常用回答："糟透了。"很多人面对我的绝望不知所措，这也怪不得他们。这么做不太明智，我在很多时候没把握好分寸，结果适得其反，到最后，我发现自己还得去安慰那些问我的人。

再看另一种情形：你生病了，一位同事（或者关系不太亲近的人）已经知道你的病情。当他们问"你好吗"，这暗示他们确实想多了解一些。即便如此，这也不是让你毫无保留、畅所欲言的邀请。回答要简洁，比如"还过得去""比之前好多了"，或者说"我下周要做个扫描……"等。

还有一种情况：如果是朋友或家人知道你身患重病，真心关心你的健康来询问。问法可能会更具体，比如"你的治疗进展如何"，当然也可能还是常见的问法"你过得怎么样"，真诚在这些情形下很重要。此时是如实作答的时候，可以根据自身的舒适程度和实际情况决定透露多少细节。虽说病情发展往往不受我们控制，但我们能把握谈论病情的尺度，按自身需求维护隐私或者分享相关信息。

在接受癌症治疗期间，我常常感到迷茫，只能这样回应："今天我实在不知道该怎么回答，不过还是谢谢你的关心。"

最后给那些满怀好奇且真心想表达关切的人一些建议。总体而言，我们需要提出更合适的问题，比如："你最近身体状况如何""你已经可以回去上班了吗""你觉得今年有机会去度假吗"这些问题和"你好吗"本质类似，但能让生病的人自行选择简略回应还是详细讲述。

新冠疫情也影响了交流方式，正如《大西洋月刊》的一位作者所说，改变了"那种双方都清楚彼此状态不佳，却仍说着'我很好，谢谢你'的相互伪装"的情况。更恰当的问法有："现在还能撑住吗""你是怎么应对当前状况的"甚至是"你迄今为止过得怎么样"。回答可以很简洁（比如"我还好"），也能更详细些（比如"唉，一直都很不容易……"）。这位作者还提议"关键在于提出一个真诚的问题，这样才能得到真诚的回答"。当人们状态不好时，我们不该强迫他们装作没事。

新冠疫情让我意识到我们的身体健康状况与精神状态可以区别开。一位和我一样的癌症幸存者曾这样解释："在我看来，我可能会极度难受，走路艰难，视物模糊，内心痛苦；但也有可能同样是极度难受，走路艰难，视物模糊，内心却依然开心。我选择让自己开心。我状态很棒，而且一直都很棒。"

我也决定，即便有时感觉糟糕透顶，也要让自己呈现出很棒的状态。

我不会对"好吧，这就是婴儿潮一代"这句话动怒

几十年来，我们婴儿潮一代获得的关注与纵容已然足够多了。当一位 X 世代[⊖]或千禧一代甩出这句新的"侮辱性话语"时，我不会动怒，反而会停下来思考，并且暗自思忖或许他们说得在理。

⊖ X 世代：指出生于 20 世纪 60 年代中期至 70 年代末的一代人。

这一切源于一个短视频，而大多数婴儿潮一代甚至都没听说过短视频平台。视频采用分屏形式：一侧是典型的婴儿潮一代形象——一位留着胡子、戴着眼镜和棒球帽的白发男子，正数落着千禧一代和Z世代。他满是常见的抱怨，说年轻人自以为是、懒惰、以自我为中心，还拒绝成长。分屏的另一侧，一个年轻人举着牌子，上面写着"好吧，这就是婴儿潮一代"，对面男子每指责一句，他就举起牌子回应。

如今这句简短的贬损之语已成为一代（或两代、三代）人忍无可忍的口号。他们受够了婴儿潮一代的傲慢、贪婪、政治腐败，以及对地球环境的破坏。唉！不得不承认，这指责我们确实担得起。

19岁的香农·奥康纳（Shannon O'Connor）对《纽约时报》说："老一代在特定思维模式下成长，与我们观点不同。"奥康纳设计了一款T恤和连帽衫，上面印着"好吧，这就是婴儿潮一代，祝你度过糟糕的一天"的标语。她还补充道："他们很多人不相信气候变化，或者觉得染过发的人找不到工作，而且固执己见。"据奥康纳说，她当时说"好吧，这就是婴儿潮一代"这句话是想证明那些人是错误的，证明自己会成功，也证明世界正在改变。

这个带有轻蔑意味的说法甚至被收录进了词典网。该网站将其定义为一个俚语，用于"指责或否定那些与婴儿潮一代以及更广泛的老年群体相关的脱节的或狭隘的观点"。或者直白点说，这句话的意思差不多就是"闭嘴，老家伙"。

《公司》（Inc.）杂志的一位X世代作者考虑到年龄歧视问题，警告称，在工作场合随意或轻率地使用"好吧，这就是婴儿潮一代"这句话，可能引发严重且代价高昂的后果。她还说："不要把这当作无伤大雅的玩笑。"她强调，这种做法可能营造出充满敌意的工作环境，让公司面临高额诉讼。就像现年84岁的乔治·竹井（George Takei）常说的："哦，我的天呐！"

坦率地讲，正如《大西洋月刊》的一位作者总结的，对于我们这些年"加速气候变化、累积国债、抬高大学学费、炒高房地产价格，甚至选出了唐纳德·特朗普（Donald Trump）当总统"等行为而言，这点"报应"似乎微不足道。从千禧一代的角度看，婴儿潮一代确实像十足的反派。

婴儿潮一代对千禧一代长期以来都不友好。当这些年轻人努力偿还大学债务、开启成年生活时，我们却嘲笑他们是被宠坏、自以为是的"雪花一代"，指责他们是靠牛油果吐司度日的寄生虫。

所以，没错，"好吧，这就是婴儿潮一代"这句话确实带着恶意与轻蔑，年轻一代受够我们了。但这主要不是因为年龄歧视。这实际上关乎一种心态，任何人无论年龄大小都可能成为"婴儿潮一代"。大学生乔纳森·威廉姆斯认为这取决于你的态度是否"恰当"。他在接受《纽约时报》采访时说："你不喜欢改变，不理解新事物，尤其是和科技相关的新事物，也不理解平等的意义。所谓的'婴儿潮一代'就是指持有这种态度、抵触任何改变的人。"

年轻一代有充分的理由认为，我们给他们留下了一堆要收拾的烂摊子，他们说得没错。如今，除了感觉被冒犯，我们还能做些什么呢？

我不会拒绝说
善意的谎言

的确，诚实是上策，随着年龄增长，我愈发
认同这一观点。不过有一种情况例外：对于
那些记忆力衰退、记不住事儿的老年人，有
时说谎反而是一种更温和、友善的交流方式。
对认知能力下降的人适度撒些小谎，或许比
说出冰冷残酷的真相要好得多，我不再执着
于所谓完美却伤人的真话。

"小时候，大人教导我们要永远说实话。"一封电子邮件这样开头，"现在当初教导我们的父亲患上了痴呆症。我弟弟知道跟父亲说实话会让他伤心难过，所以想对他撒点小谎。这让我很纠结，完全不知道该怎么应对，我该怎么办呢？"读到《华盛顿邮报》一位读者提出的这个问题时，我不禁陷入了沉思。这个问题深深触动了我，因为在我父母生病期间，我也曾反复思索过同样的难题。

我的母亲在2017年1月与世长辞。她离世时，父亲就在他们的卧室里。当身着黑色西装的殡仪人员来到公寓，把母亲装入尸袋运往殡仪馆时，父亲一直待在房间里。一周后，在母亲的追悼会上，父亲发表了情真意切的讲话，与前来悼念他结婚63年的妻子的百余位吊唁者相互交流。

两周后，父亲的一连串询问开始了。

"史蒂文，你妈妈怎么没在她床上？"
"你妈妈今晚吃什么？"
"玛格特去哪儿了？"

每次我都小心翼翼地提醒父亲，妈妈已经去世并火化了。我还会补上一句："我们等春天土地解冻后再安葬她。"可不管我说多少遍都无济于事，他每天会打给我两三次甚至五六次电话，翻来覆去问着同样的问题，每次都以"你妈妈怎么没在她床上"开头。我一次次告诉他这个消息，他一次次陷入悲痛。这既让人心碎，又令人恼火。

在此之前，父亲并未表现出任何记忆力减退或认知能力下降的迹象。坦白说，这种情况只出现在谈论妈妈的时候。父亲清楚今天是星期几，知道唐纳德·特朗普已经就任总统，也记得我弟媳的生日。

我忍不住思索：究竟要经历多少次向亲人告知真相，并无奈目睹他们一次次饱尝丧亲之痛呢？到底是说谎更不堪，还是残酷的真相更伤人？这种糟糕透顶的问答显然既没能给父亲带来安慰，也未能让他得到解脱。与一位精神科医生交流后，我改变了策略。我不再一味重复残酷的真相，开始采用一种行之有效却颇具争议的方法：所谓的"治疗性说谎"，就是说谎——或者至少，不纠正他们的错误认知——以此减轻痴呆患者的烦躁与焦虑情绪。

于是，对话变成了这样：

"史蒂文，你妈妈怎么不在她床上？"

"爸，她在客厅看电视呢。"

"你妈妈今晚吃什么？"

"妈和你吃一样的。"

"玛格特去哪儿了？"

"她去拜访公寓楼里的邻居了。"

渐渐地，父亲的烦躁情绪缓和了，近乎没完没了的询问也变少了。母亲去世仅仅3个月后，父亲也离开了人世——我希望他在最后的时光里满心想着的是当晚能和妈妈共进晚餐。

我发现并非只有我采用了这种方式。父亲离世大概1年后，我和前威斯康星州州长马丁·施赖伯（Martin Schreiber）聊过，他或许算得上是"治疗性说谎"最知名的倡导者了，他的妻子伊莱恩患有阿尔茨海默病。在电话采访中，时年79岁的施赖伯讲述了他的理由。"伊莱恩反复问'我父母怎么样了'，在她刚患病时，我告知了她残酷的真相，那就是她父母都已去世。她脸上露出的震惊神情让人心疼，因为她担心自己可能没参加葬礼，没和父母好好道别。"施赖伯说，随着时间推移，他明显察觉到真相加剧了妻子的焦虑，所以他开始回答："你父母非常非常幸福。实际上，你妈妈在教堂呢。"

施赖伯还说反复试图纠正亲人的错误认知毫无益处，而一个善意的小谎言反倒能拉近照顾者与患者的关系，"这体现了融入阿尔茨海默病患者世界的重要性。"

我对此深感理解。

在挂电话前，施赖伯讲了最后一个故事。他说就在几年前，伊莱恩称自己的丈夫是"一只火鸡"，还一本正经地告诉他："我对你的喜欢，开始超过我丈夫了。"施赖伯既没费力纠正她，也没追问那个被形容成"火鸡"的丈夫是怎么回事。"我只是抓住了那一刻的快乐。"他说道。

我不禁思索这种方式是否存在限度，于是联系了一位专家，希望能深入了解在这种情况下亲人们的做法应把握怎样的尺度。

宾夕法尼亚大学记忆中心联合主任杰森·卡劳维什（Jason Karlawish）提醒道，接受患者对现实的不同认知与嘲笑这种认知，两者有着天壤之别。在20多年的专业生涯里，他见过太多嘲笑患者认知的情形，"你不能对着周围人使眼色，不能偷笑，也不能在明明身处2020年时，还开玩笑说这是1960年。"

所以，我会克服自己对说谎的本能反感，尊重我所爱之人所处的"另一种"现实。这么做不会伤害任何人，而是会短暂融入他们想象的世界，对他们大有裨益。倘若日后我也陷入类似处境，我期望有人能这般陪伴我。

我不会担忧自己
无法掌控的事情

一位朋友曾建议我专注于眼前之事，别再为
那些尚未发生的事忧心忡忡。"该担忧时再担
忧"，这实践起来着实不易，但在当时这确实
是个不错的建议。随着年龄增长，我面临着
更多可能令人担忧的状况，不过我会尽力遵
循这一建议。

那是个隆冬时节，父母住在纽约市的公寓里，干燥的暖风呼呼作响。和多数早晨一样，父亲又开始流鼻血。这次护工还没来得及采取措施，他就拿起手机拨打了911，对接线员说自己遭遇了"紧急情况"。几分钟后，医护人员赶到，迅速将他送往最近的急诊室。然而他没接受治疗就被打发走了，因为普通的流鼻血算不上紧急情况。

这是一场漫长的煎熬。10年前的春天，父亲曾咨询过至少5位神经科医生，其中包括世界知名的奥利弗·萨克斯（Oliver Sacks）医生，只因没人能明确诊断出他所患的神经肌肉退化症。父亲在与萨克斯医生会诊后不久给我发了封电子邮件，他的措辞平静，却掩饰不了日益加剧的恐慌："我的小脑正在退化，病因不明，无法治疗，也无法治愈。谢天谢地，病情发展得很慢。"他接着又罗列了六七个"万一"的情况："万一我不能说话了怎么办？万一我不能走路了怎么办？万一你妈妈生病了怎么办……"

我努力让父亲专注当下，别总是沉浸在那些"万一"的设想中。我自己也从过往经历中领悟到，"万一我的病复发怎么办""万一我的头发长不出来怎么办"这种心态甚至会延伸到感情生活里，比如"万一他不回我短信怎么办"。于是我的口头禅就成了"该担忧时再担忧"。

我希望父亲也能接受我这套人生哲学。

父亲总是过早担忧，这并非什么新鲜事。早在他患上这种疾病之前，不管是对经济问题还是健康问题，他都习惯往最坏处想。我最早意识到这一点是通过他对自己母亲的态度。祖母玛丽安在一栋两层的无电梯公寓里住了60多年，从那儿能看到楼下花园的美丽景致。由于她得通过一段狭窄楼梯才能到二楼门厅，父亲总是担心她万一不小心绊一跤，然后……嗯，你懂的，在父亲眼中，这不是"会不会发生"的问题，而是"什么时候发生"的问题。

实际上，祖母相当熟练地应对着这些上上下下的楼梯。一直到她80多岁，父亲给她下了最后通牒，"妈妈，你必须搬到楼下，"他对她说，"否则你就会被困在家里出不去了。"她拒绝了。我试图帮父亲想象其他可能性，大多用黑色幽默的方式。"也许她会突发心脏病去世，"我说，"或者她可能只是在自己的床上、在睡梦中安详地离世。"最有可能的情况是，祖母会搬到一家提供生活协助服务的机构去住。

有这么多的可能性，都无法预测。

祖母自始至终都断然拒绝了父亲的提议，她不仅继续自己上下楼梯，还继续每周3次乘坐地铁从皇后区前往曼哈顿去看戏、见朋友。父亲恳求我和他站在同一阵线，就在那时，我第一次向他解释了我"该担忧时再担忧"的理论。我的父亲，一个理性的学者，理智上理解了这个理论，但是并不接受。

说实话，我也不是轻易就领悟到了这个道理的。几年前当化疗即将结束时，我先前的担忧"我能活下来吗"被新的忧虑"我的病会复发吗"所取代。肿瘤医生竭尽全力安抚我并提醒我，从预后情况来看，还是比较乐观的。他还顺便给我上了一堂人生哲理课："虽然你无法掌控癌症是否会复发，但可以控制对复发的恐惧给生活带来的影响。"

我当时觉得说来容易做时难，因为我和我父亲一样，生性就容易担忧。一位挚友反问我："当你只能把控当下正在发生的事时，何必浪费时间去为可能发生的事忧心呢？依我看，把这些担忧都抛诸脑后，然后去喝杯酒吧！"我对喝酒没异议，可真要让我放下恐惧却非易事。

我知道这样的想法毫无逻辑可言，但我曾坚信通过担忧我或许能影响事情的走向。要是我不为最坏的结果忧心，那它就极有可能发生。

实在没办法时，我向母亲的一位朋友玛丽恩求助，她长期以来一直在与癌症抗争。我把心中所有的恐惧，尤其是反复出现的癌症复发的噩梦一股脑儿地倾诉给了她。"这些事情我完全无法掌控。"我抱怨道。等我说完，饱经磨难的玛丽恩已经准备好回应我。她先认可了我的感受，随后给出了一句简短有力的建议："该担忧时再担忧吧！"

我觉得这建议毫无道理，依旧止不住地担忧。我试图通过自我麻痹来逃避内心最深处的恐惧，还抑制住了大量采购的冲动。毕竟在我走到生命尽头之前，肯定是吃不完那么多芥末的。然而有一天，我却昏倒了，原因是我喝了太多苏格兰威士忌，还服用了处方药。

就在那时，玛丽恩建议我尝试引导式意象疗法来平复自己的情绪。我每天进行3次练习，每次10到15分钟。我躺在沙发上闭上眼睛，在脑海中想象着"吃豆人战士"正吞噬体内那些可恶的癌细胞，同时在心里默念："我的癌细胞脆弱又混乱。我想象它们像碎牛肉一样分崩离析。"练习结束时，我会说："我的身体健康无恙，没有疾病的困扰。我正在朝着目标前行，履行人生使命。"

几周之后，我才逐渐重新找回了掌控自我的感觉，收获了内心的平静。我不再惧怕、纠结那些"万一"的情况，而是开始重新享受当下生活，甚至发现自己开始接纳玛丽恩的建议了。没错，我能够活在当下，做到"该担忧时再担忧"。

玛丽恩的这句口头禅对她自己也大有裨益。医生最初预估她只能活6个月，可她从被确诊癌症那天起又坚强地活了11年，让医生的判断落了空。在那些年里，她的两个女儿和一个儿子相继结婚，她还3次当上了祖母。她在生命的最后几年里尽情享受当下，没有陷入对"万一"的忧虑。

父亲始终没能接受我的口头禅"该担忧时再担忧"，我是在祖母玛丽安的文件里发现这一点的。在祖母去世的8年前，她曾写道："倘若我无法改变现状，那我就得为了内心的平静改变自己的态度。"

这同样也是我的打算。我期望自己不会重蹈父亲过早担忧的覆辙，而是能像祖母玛丽安那般乐观。即便最终结局相同，我也希望自己能满心喜悦地欣赏花园景色，而不是满心恐惧。

我不会停止相信魔法

像我这样一个受过良好教育、理性的人竟会相信护身符，这听起来确实有些古怪。倒不是我不相信科学，而是曾经有那么一只特定的"护佑仙兔"让我得以存活——如今我不会放弃它，以后也永远不会。

那只长着大大的耷拉耳朵、戴着银色头饰的丝绒兔子来到我身边时，身上挂着一个写有"护佑仙兔"字样的名牌。那时我25岁左右，患有癌症。整整5年，无论走到哪里，我都带着这只性别难辨的兔子，去医院做化验、CT扫描以及照X光片时也不例外。即便当时我已是一名博士研究生，我也从不羞于向任何人介绍它，也不觉得自己这样做很傻。

在我被诊断出患有睾丸癌后不久，朋友辛西娅就把那只小兔子送给了我，还多次提醒我它拥有"神奇的力量"。后来，她给小兔子添了一根饰有金色闪光织物的魔杖以搭配带褶边的芭蕾舞裙，这下子更增添了它的神力。那只小兔子本应成为我的护身符，一个能抵御癌症的魔法守护者。

辛西娅早就料到我会心存怀疑。我成长于一个科学至上的时代，事实与数据占据着绝对主导地位。我小时候曾3次参观1964年的世界博览会，得以近距离见识到一系列令人目不暇接的新技术，其中可视电话比视频通话软件Skype或Zoom出现得早多了，还有彩色电视以及对太空旅行的展望。十几岁时，我在曼哈顿的史岱文森高中表现出色，这所学校向来以极客风格的课程闻名。

刚被确诊癌症时，我寄希望于科学，阅读了能找到的每一项基于实证且经过同行评审的研究。我渴望做出最明智的治疗抉择。实际上，我存活下来的概率还算可观，但作为一个20多岁、自恃无所不能的年轻人，我不愿接受自己活不到30岁的任何可能性。简而言之，我想增加存活的机会。

为了实现这一目标，我不得不再次回归到孩子的状态。或者更确切地说，我选择以孩子的视角去看待这个世界。我在成长过程中曾对世间万物都满怀无尽的好奇。我相信圣诞节的奇迹，在我们家这与耶稣并无关联。那棵通常是苏格兰松的圣诞树，闪烁着红、蓝、绿、橙、白等五彩斑斓的灯光。它如同民间传说中所讲的那样守护着我们，让我们免受黑暗与邪恶力量的侵扰。

我曾经相信那些未知的、不可知的事物，甚至是看似不可能发生的事情。

然而，随着时光流逝，我逐渐长大，变成一个对一切都嗤之以鼻的人。我对冬日仙境不屑一顾，尤其是当话题涉及所谓的圣诞节"奇迹"时。我开始反感哥伦比亚广播公司那些满是煽情的圣诞奇迹特别节目，像有唐尼·奥斯蒙德（Donny Osmond）、忧郁蓝调合唱团还有巴里·曼尼洛（Brent Barry）参与的节目。我实在受不了《34街的奇迹》（*Miracle on 34 Street*）这部电影，它讲述的克里斯·克林格（Kris Kringles）那催泪的故事，虽然让我以及世界上其他许多人认识了娜塔莉·伍德（Natalie Wood），但我就是不喜欢。对于所有那些"奇迹"故事，比如家人团聚、孩子获救，甚至是成功阻止自杀的故事，包括吉米·斯图尔特（Jimmy Stewart）主演的经典影片《生活多美好》（*It's a Wonderful Life*），我都会嗤之以鼻，心想："呵呵！"

我在成长中的某个阶段丢失了那份对世界的好奇心。

就在我缺乏好奇心、急切地需要一剂强大的魔法时，这只兔子出现了，它将引领我踏上一段重拾魔法的旅程。

多年之后，我发现原来并非只有我有这样的追求。《相信魔法：迷信的心理学》（*Believing in Magic: The Psychology of Superstition*）的作者，心理学家斯图尔特·维塞（Stuart Vyse）告诉我，许多人在陷入困境、急需帮助时都会求助于"非理性的信念"。他说，每当医学科学无法提供治愈之法时，就会出现"心理上的缺口，以及对美好事物的渴望"。也正因如此，才衍生出迷信、魔法、超自然信仰以及宗教。

"同时持有两种想法并不稀奇，人们常说，'我知道这很荒唐，但不管怎样，这样做我心里会好受些'。"维塞说道。

我从未放弃过传统医学的治疗。我遵照肿瘤医生的嘱咐，做了3次手术，接受了4轮化疗，还经历了多年的后续检查。但我不会把自己的命运完全交付给医生。这只护佑仙兔将成为伴我前行的护身符。

我了解到，若追溯到足够久远的过去，在知识与理性掩盖信仰之前，护身符事实上作为魔法的替代物，在任何一位备受敬重的医生的药箱里都占据着一席之地。有记载显示，至少从中世纪开始，人们就已经在使用这些被认为具有神奇力量的物品，作为对手术治疗的一种补充而非替代品。

医疗护身符的使用一直延续至今。堪萨斯大学医学中心的儿科医生兼生物伦理学家威廉·巴塞洛缪（William Bartholome）博士撰写过许多文章，讲述他与转移性食管癌抗争的经历以及收藏40只青蛙的故事。他的朋友，哈佛医学院生物伦理中心的讲师玛莎·蒙泰洛（Martha Montello）说："比尔的青蛙是他认为能带来好运的图腾或护身符。"蒙泰洛还指出她的朋友在被确诊癌症后"奇迹般地活了5年"，远超医生的预期。这正是我所坚信的那种魔法。

听起来我像个怪人吗？我可不觉得——不过没有哪个怪人会认为自己古怪吧。

几年前，哈佛大学的医生泰德·卡普丘克（Ted Kaptchuk）曾对《纽约客》的一位作家说，他一直"坚信医学中有一个至关重要的部分，涉及暗示、仪式和信念"。他还补充道："这些观点足以让科学家抓狂。"

卡普丘克是哈佛大学安慰剂研究与治疗性接触项目的负责人，该项目致力于研究心理因素对健康状况的影响。他在同一采访中指出，几个世纪以来，医学界一直知晓有些人会对暗示的力量有所反应，只是不清楚其中的原因和机制。

卡普丘克在发给我的电子邮件中谈到在哈佛大学的工作经历，他写道："我可一刻都没闲着。"他附了一份清单，上面罗列着十几项由他主导或参与的研究。这些研究表明，尽管与手术和药物治疗相比，安慰剂、仪式、信念以及护身符所起的作用相对较小，但确实都发挥了一定的作用。

当你为生命而拼搏时，哪怕只是"微不足道的作用"，也值得紧紧抓住。

确诊癌症5年后，肿瘤医生最终告知我：康复了。我深知自己的痊愈得益于科学的力量和医术精湛、训练有素的医生，但也坚信这只兔子所承载的希望起到了积极的作用。它缓解了我的焦虑情绪，降低了我的心率，改善了我的睡眠质量，让我的生活中美好的时光多于糟糕的时刻。

我能证明这一点吗？不能。但这是否就意味着这种积极影响不存在呢？也并非如此。就像卡普丘克对《纽约客》所说："我们不能再自欺欺人地认为一切都只与分子生物学相关。重症会受到美学、艺术，以及医患在沟通过程中所涉及的道德问题等多方面的影响。"

也就是说，运气或魔法都有其作用。借用C.S.刘易斯（C.S.Lewis）的话来说，我希望自己永远不会老到不再相信童话故事。

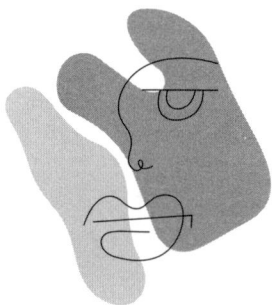

Part Two
第二部分

明天我不会做的事

我们内心的年龄永远都一样。

——格特鲁德 · 斯泰因

（Gertrude Stein）

我不会把自己的漏尿
黑锅甩给狗狗

我父亲从不提及他日益严重的漏尿问题，尽管我们所有人已经心知肚明。我清楚滴尿和漏尿这类话题着实无趣，但我保证我会像对待其他身体变化一样坦然接受，并且会好好利用那些有用的产品。我会在必要时穿上成人纸尿裤。

一天深夜，我给妹妹朱莉发了条关于16岁的狗狗佐伊的短信："佐伊得了老年痴呆，现在在吃镇静剂。"

朱莉回复："那挺好，能让它安稳过夜吗？"

我回她："基本能行，可还是拦不住它到处撒尿。我自己也在吃药。"

朱莉打趣："你吃药是治撒尿还是助眠呀？哈哈！"

哈哈，确实如此。关于撒尿的笑话，你肯定会喜欢（或者反正对某些人来说至少得受得了），哪怕你并不喜欢这类笑话所表达的东西。我们家人几乎能从任何事里找出幽默点，荤段子玩笑在我们家更是由来已久。虽说我和弟弟、妹妹都已到了人生的黄金阶段，可年龄丝毫没减退我们开这种"尿意盎然"的玩笑的兴致，起码目前还没有。

我盼着就算以后我成了护垫广告的目标人群，这情况也不会变。当你看主要受众是婴儿潮一代的晚间新闻时，总能看到那些精准针对目标群体的广告文案。明明是在说漏尿和膀胱过度活动症，却偏偏不能提"尿失禁"这个吓人的词，真不知道到底能想出多少种委婉的说法。

"专为贴合您的身体与生活设计，改良的核心区域提供更优防护与舒适体验，让您从容迈步，无惧漏尿困扰。若打喷嚏或大笑引发膀胱漏尿，'安裤适'中度护垫将为您保驾护航。"

还有，"选用'倍得适'护垫及衬垫，保持清爽自信。它们专为轻度膀胱漏尿设计，是1/3有轻度膀胱漏尿经历的女性的便捷之选。"

我从我的第一只可卡犬比莉那里早早便吸取了关于漏尿的教训。比莉在暮年患上了"轻微喷尿"的毛病，就像乌比·戈德堡（Whoopi Goldberg）在电视广告中描述的漏尿症状。

比莉无法控制的滴尿和尿渍问题大概在它12岁时开始出现。起初，当我发现地毯上又出现一块湿渍，或者更糟的是羽绒被罩上有湿渍时，我会责骂："坏狗狗，坏狗狗！"我大声呵斥，满是苛责，而它会夹着尾巴躲起来。我带着沮丧在房子各处都铺上了"尿垫"，还因这只老狗弄脏地板（以及其他东西）而心生埋怨。但那时我还未意识到这个四条腿的生物实际上患了年老导致的、可确诊的尿失禁疾病。毕竟，你怎能因为别人（哪怕是一只狗）无法掌控的事情去羞辱他们呢？

兽医推荐了普林（Proin）这种药，说它对控制狗狗膀胱漏尿效果很好，但副作用可能会导致狗狗癫痫发作甚至中风。我不想冒这些风险，于是拒绝了兽医的建议。每天清晨我喝完一杯咖啡，就得去看看比莉夜里又"干了什么坏事"。很多时候，我穿着袜子，一脚就踩到尿渍上了。

幸运的是，针对人类尿失禁有风险小得多的治疗药物。要是我父亲刚开始出现"滴尿"问题时我就知晓这些该多好。我也希望他能明白他是美国3700万患有膀胱漏尿的老年人中的一员,也就是说每5个40岁以上的人里,就有1个面临同样问题。我相信倘若他了解这些,情况在某种程度上或许会有所不同。毕竟当谈及那些最让我们烦恼的事情时,谁不曾觉得自己是独一无二的呢?我就曾有过这样的想法。

有一幕场景深深烙印在我的记忆中:我看到父亲坐在躺椅上看书,我的狗紧紧依偎在他腿上,蜷缩成一团。很快,狗打起呼噜来,紧接着父亲也进入了梦乡。我们一家人都很喜欢看到他们俩这般亲昵相伴的模样。但随着他们年龄渐长,每次比莉从父亲腿上跳下来后,他的裤子上就会出现一块显眼的湿渍。父亲每次都把这归咎于比莉,可其他人却不太相信。

我们试着和父亲开玩笑——毕竟,幽默是最好的良药——但他笑不出来,或者说不愿意笑。我现在明白这没什么好笑的。这又不像是新运动外套上忘了摘掉价格标签,或者忘了拉拉链这种小失误。我后悔没有对父亲所经历的事情表现出更多的同情,而且我觉得我开的那些玩笑反映出的是我自己的不安和恐惧。"有其父必有其子"这句谚语在我的生活中反复被提及。我希望自己在这件事上不会这样。

随着时光流逝,比莉的状况愈发糟糕。有时它一觉醒来,身上竟被尿液浸湿。我在此之前从未见过一只狗流露出羞愧的神情，可那时的它总会低头夹着尾巴、满脸愧色地来见我。在那些清晨，我会轻柔地从床上抱起它去浴室，给它舒舒服服地洗个澡。我不再说"坏狗狗"之类的话，反而会给它好多好吃的，并且接受它漏尿的现实，将这视为我们生活的新常态。

父亲尿床的次数也日益增多，脏了的床单每天都得换下清洗，但他还是固执地不肯穿成人纸尿裤。我承认当时我满心沮丧，缺乏同情心，"把那该死的护垫穿上！"我真想冲他大吼，"别让我们每天早上都得给你换床单。"我们陷入了僵持——没有赢家，全是输家。

至于母亲，我没能成功改变她的行为，但在调整自己的行为上有了进步。有一回她起床走到梳妆台旁，拉开了最下面的抽屉，仿佛那是马桶座圈，等我发现时，已经来不及阻止她在抽屉里小便了。这次我没有露出恼怒的神情，也没有拖着长音哀怨地喊"妈妈"，而是稳住了她，一心只想着别让她摔倒。

护工立刻扶着母亲去浴室清理，我则把她弄脏的衣服丢进洗衣篮，擦拭梳妆台。母亲换上了干净睡衣回到床上安然睡去。此刻，环绕着她的没有羞愧，只有爱。我期望当我开始出现漏尿情况时，身边的人也能这般对我报以同情。我祈祷至少在这方面不会像父亲那样，因为我会穿上成人纸尿裤。

我不会在开车可能变得
很危险时继续驾驶

多年来，我和弟弟、妹妹一直就驾车这件事
与母亲争执不下。当我们真切地觉得她开车
已经对他人构成威胁时，便做了一件难以想
象的事——向州政府举报了她。我绝不会让
任何爱我的人陷入这种两难境地，被迫对我
做出同样的事。

多年来，我听朋友们讲了他们年迈父母开车时的许多可怕经历。"起初，后保险杠上莫名出现了凹痕，"一位朋友说，"我父亲解释说肯定是车停在停车场时被别人刮了。"状况很快就升级为各种事故与混乱。还有人跟我讲过这些事：

"我母亲在停车场把她的凯美瑞撞报废了，因为她的脚一直踩在油门上收不回来。从那之后，我哥哥就拿走了她的车钥匙。"

"我父亲拒绝不再开车，即便他开车时因为离路边停着的车太近撞掉了好几块后视镜，他还拒不承认是自己干的。我妹妹从其他州回来看他时，让他绕着街区回去查看被撞坏的地方。"

这种情况往往会以这样的结局收场：

"几年前发生过一起事故，一位老年司机闯了红灯，径直从人行横道上一名盲人身上碾过，导致盲人死亡，随后又撞上了电线杆，自己也不幸丧生。要是有人因过于自负而不愿交出车钥匙，这种噩梦可能会降临到任何人头上。"

类似的事情后来也发生在了我们家。

母亲80岁生日时，给自己买了一辆超酷的火红色雷克萨斯，这款车能在6.9秒内从0加速到60英里/时[⊖]。多年来，母亲开车的事一直让家里所有人忧心忡忡，可她钟情高性能汽车，根本拒绝不了这份闪亮又动力强劲的生日礼物。

想象一下：一位身高不足5英尺2英寸[⊜]、患有脊柱侧弯的老太太，坐在她心爱的新跑车上，几乎连方向盘上方都看不到，但是她却无比热衷于把油门一脚踩到底。

几个月后，我留意到车上出现了几处凹痕，起初是1处，接着变成3处，后来又多了1处。"这是怎么回事，妈妈？"我故作镇定地问，尽量让自己的语气不带指责意味。"我不清楚。"她支支吾吾地回应道，可我们心里都明白她心知肚明。有一回，弟弟坐在母亲车上的副驾驶座，在即将与对面车辆迎面相撞的危急时刻，他不得不强行从母亲手中夺过方向盘猛地向右转，才惊险地避免了一场车祸。我也亲眼见过她好几次差点撞到骑自行车的人和慢跑者，场面令人胆战心惊。

至少我们知道为这事发愁的并非只有我们。一位朋友跟我讲过这样一件事：

"我丈夫的祖母住在佛罗里达州，已是88岁高龄，性格十分倔强。偶尔车流量小的时候，她会开着那辆旧车沿着四车道

⊖ 约96.56千米/时。

⊜ 约1.57米。

公路去商店。她在更换驾照时没能通过视力测试。当州警告知她无法为其换发驾照时，她直接把车钥匙朝州警扔了过去，还对他说，让他拿走那该死的钥匙，还抱怨自己到底该怎么回家。3周后，她在躺椅上平静地离世了。我一直觉得失去自由出行的能力是导致她离世的原因之一。"

的确，我深知那辆车对母亲而言意义非凡，既关乎实际出行，更是她独立的象征。从实用角度讲，那是她前往市场、美发店，以及参加社交桥牌活动的代步工具。更关键的是她享受做那个开着闪亮红色雷克萨斯，涂着"丛林红"指甲油的优雅女士。

我不禁想起海滩男孩乐队（The Beach Boys）的那首歌，歌里唱道：直到她爸爸把她的雷鸟汽车开走，她都一直尽情享受生活。

只不过在母亲这儿，是她的孩子们要把那辆红色雷克萨斯开走。

每次车上出现新凹痕，我们都尝试跟她讲道理。我们提议道："要不雇个出租车，或者叫优步？"又或者让护工希拉开车带她访友、办事。而当我们抛出"终极方案"——让她交出车钥匙时，母亲毫不犹豫地拒绝了。

在购买雷克萨斯6个月后的一天，母亲开着一辆小一些，没那么华丽（当然还是红色）的车回了家，这让我们大为惊讶。她面带笑容地告诉我们第一辆车存在"设计缺陷"。我们赶紧给经销商打电话，得知第一辆车并无任何缺陷。经销商解释说这辆新车配置确实少一些，也不容易让人分心。

母亲高兴地宣布："有了这辆车，我又能轻松驾驶了。"我们虽有所期待却不太相信。

之后又发生了几次小擦碰事故，母亲觉得问题出在眼睛上，于是去做了白内障手术。手术改善了视力，可她的驾驶水平并未明显提升。

最后我们采取了干预措施：全家人围坐在一起恳请母亲别再开车了。她认真听着，我们依次发言时，她都与我们有眼神交流。等我们说完，她沉默了片刻，接着斩钉截铁地说："谢谢你们的关心，现在你们都给我一边去。"

身为律师的妹妹当时提高了父母的综合责任保险额度。我们常常私下讨论，母亲开车小擦碰不断，迟早会酿成大祸。要是她开车撞伤甚至撞死了人，我们往后还怎么能心安？可在她真成为马路上的致命隐患前，我们如何能拦住她呢？

一些老年人表现得更有责任感。有个人给我写信说：

"我开了67年车，从未发生过要我担责的事故。但有一回我撞上了电线杆，当时车速才1英里/时[⊖]。第二天开车，我又冲上了人行道。那之后我再也没开过车。我心里明白再这么下去，下次说不定就会害了自己或者别人的性命。现在，我事事都得靠别人，有时会因为被困在家里烦躁得不行，行动不自如也让我特别沮丧。这是不好的一面。不过好的一面是，好多朋友都以我为戒，这让道路变得更安全了，家庭关系也更融洽。老年人呐，都长点心吧！"

终于有一天，母亲开着雷克萨斯倒车时一头撞上了邻居合法停在那儿的车。她倒车时不再看后视镜，加上脖子僵硬，根本没法扭头查看车后情况。母亲不仅不承认是自己的责任，还指责邻居把车停在她的车位上。看到她这么轻易地给自己找借口开脱，我们都惊得说不出话来。后来，我们瞒着母亲赔偿了邻居的车辆损失。

随着风险不断升高，我和弟弟、妹妹商量要不要拿走她的车钥匙。但我们担心母亲会叫辆出租车直奔汽车经销商那儿，再弄回一套车钥匙，甚至买辆新车回来。我们一番打听后发现在父母居住的纽约州，任何人都能提交一份匿名的"驾驶员审查申请"。表格要求填写一些基本信息，接着便是关键问题：

⊖ 约1.61千米/时。

124

举报原因。

我们一直在争论要不要提交这份表格，因为我们清楚这肯定会让她失去驾驶证。我们也明白她会因此崩溃，觉得被背叛、受羞辱。要是有人对我做这种事，我会作何感想？肯定会愤怒。

但要是我爱的人被一位老年司机撞了，而这位司机的子女也曾有过同样的纠结却最终没有行动，我又会作何感想？万一母亲撞伤甚至撞死了人可怎么办？后果简直不堪设想。于是我们一致决定：是时候举报她了。

作为家中的老大，我被委以重任，负责签署、封装表格，并将其送到车管所；弟弟和妹妹也在表格上签了名，身份为"认同你对该驾驶员评估的其他人"。我们还约定好永不透露我们在这件棘手事情中扮演的角色——至少在母亲有生之年绝不透露。

几个月后，母亲终于收到了车管所的来信，信中告知她被人举报了，需要在30天内参加笔试和路考。她顿时火冒三丈。直到生命的最后一刻，她都坚信是自己撞到的那位邻居举报了她。她的愤怒之下掩盖着同样强烈的屈辱感（她自认为是个技术很棒的司机）和恐惧感（她无法接受失去独立出行能力的现实）。就在那段时间，她被确诊肺癌，需要做手术治疗。不过这倒让她得到了一丝慰藉：病情使她获得了30天的考试延期。

在手术后的恢复期，母亲依旧意志坚决，报名参加了当地的一所驾校。她心里明白这次考试意义重大。车管所的来信说得明明白白，要是她放弃考试或者考试没通过，驾照就会被吊销。"我都开了一辈子车了，"她解释道，"我自己心里有数，什么时候该收手。"

到了规定的日子，护工开车送她去了车管所。她顺利通过了笔试，路考却没过关。当天晚些时候我和她通了电话，她语气十分沮丧，可同时又对考官十分生气，抱怨考官态度无礼，还一副高高在上的样子。评估结果一周后寄到了家里，考官指出诸多问题：判断力欠佳、不留意交通状况、没在正确车道行驶、妨碍交通、加速操作不当、转向不够精准、刹车迟缓等等。最后的评语十分严厉："极其危险！转弯时大幅拐到道路错误的一侧！刹车太迟。倒车时完全不看后方。对周围环境毫无察觉。不通过！"

确实如母亲所抱怨的那样，考官的评语既无礼又透着居高临下的意味，但这些评价也完全属实。母亲的驾照最终被吊销了，她只拿到了一张纽约州的非驾驶身份证。

我和弟弟、妹妹的任务算是完成了。我们尽可能地开车接送母亲，她的护工以及一些邻居也会伸出援手。然而她的生活圈子明显变小了，随着病情的加重和年龄的增长，她的世界每周都在不断缩小。对于我们——尤其是我——所做的举报一事，我的内心依旧充满纠结，但我对于结果没有丝毫后悔。

　　母亲离世后，我在她的文件中发现了一个保密袋，里面装着她与州政府之间关于驾驶员审查的所有信件。这感觉就像是她特意把这些东西留存给我，如同一个装着特殊信息的漂流瓶，等待着未来某个时刻被开启。我把这个保密袋留在身边，因为我知道总有一天我也得交出车钥匙。我到那个时候是否能有足够的自知之明，主动交出车钥匙呢？我希望自己可以做到。不久前我从自家车道倒车时，差点撞上了街对面邻居停着的车，当时我有些心急，没看后视镜。幸运的是没有发生事故，而且我很高兴当时没有人看到这一幕。但在那一刻，我体会到了母亲当初开始出现类似惊险状况时的心情。我也十分清楚我已经踏上了一条无法回头的路。

我不会停止享受生活

没错，我偶尔也会吃根巧克力棒。

虽然我知道健康的饮食习惯能让我更长寿，还能提升生活质量，但这并不妨碍我偶尔去大快朵颐一桶肯德基，或者吃上一根巧克力棒。我期待身边能有几个宠着我的朋友或家人陪我一起放纵，而且不会对我评头论足。

作为一名癌症康复者、记者，同时还是心脏病患者，这些年我对营养与长寿的话题思考颇多，也撰写了不少相关文章。我近乎狂热地坚持健康饮食，绝不抽烟，喝曼哈顿鸡尾酒时也尽量节制（我偏爱直接喝，而且不喜欢太甜的）。我定期去健身房锻炼，每天还会带着狗狗散步3英里[⊖]。

我是个彻头彻尾的巧克力迷。多年来，众多已发表的研究报告以及相关新闻报道让我一直坚信黑巧克力对健康益处多多：它能降低患某些癌症的风险，有助于降血压，还能减少患糖尿病、中风和心脏病的概率。我甚至读到过黑巧克力和坚果、牛油果、蓝莓一样，都被列为"超级食物"。还有什么比这更美妙的呢？我心心念念的东西竟然还能助力我更健康、更长寿。

然而身为记者的我深知不能盲目相信读到的所有内容，尤其是当那美味正在我口中融化的时候。于是我决定不再局限于阅读那些面向消费者的文章，而是更深入地探究这些研究的本质。为了理清头绪，我联系了纽约大学备受敬重的食品与营养学教授玛丽恩·奈斯特（Marion Nestle），她对巧克力行业进行过广泛的研究，最近在她的著作《令人不悦的真相：食品公司如何歪曲我们所吃食物的科学》（*Unsavory Truth: How Food*

⊖ 约 4.83 千米。

Companies Skew the Science of What We Eat）中就有相关阐述。

奈斯特教授一开始就告诉我，并非巧克力本身具有潜在益处，而是其中所含的黄烷醇可能有益。唉，其中的细节竟如此复杂！事实上，可可豆富含黄烷醇，然而可可豆被制成可可粉，进而用于制作巧克力。她还指出，那些吸人眼球的新闻标题并未提及一块巧克力棒中的黄烷醇含量少之又少，远远达不到能给健康带来益处的程度。

既然一小块黑巧克力中黄烷醇的含量微乎其微，那我是不是应该多吃点才行呢？

先别忙下结论。奈斯特告诉我，如果为了多摄入黄烷醇而多吃巧克力，那我同时也会摄入更多的糖、脂肪和卡路里，这对健康和腰围可没什么好处。事实上，我每天至少得吃下7根常规大小的巧克力棒，才可能摄入足够量的黄烷醇以促进健康。就算我是个十足的巧克力爱好者，也得承认这实在是太多了。

尽管关于巧克力的营销宣传铺天盖地，但巧克力在健康食品领域根本无法与羽衣甘蓝相提并论。

我还读到，宾夕法尼亚州立大学的一项研究显示，人一旦过了75岁，保持健康饮食也未必能够优雅地老去。没错，你没看错，研究传达出的信息是："别再对自己太严苛啦！"如今，我们可以把相对更自由的饮食也纳入老年人享有的众多福利当中，比如可以畅所欲言、健忘能得到他人的谅解，以及几乎在购买所有东西时都能享受折扣等。

说到这儿，我50多岁的朋友珍妮特曾给我发过一封电子邮件，她写道："我今天带77岁的阿姨出去吃午饭。她大约只剩6颗牙了，坐着轮椅，还患有多种疾病，有点健忘。但我问她想吃什么时，她居然说要吃肯德基的炸鸡。平时我是不会去那儿的，但陪她出去就得去她想去的地方。她吃得可香了。现在她可能正在吃从一元店买的'宝贝露丝'巧克力棒当甜点呢！"

我很赞同珍妮特和她阿姨的做法。只要有机会，我就会吃黑巧克力。若哪天我得靠轮椅出行，想过马路买巧克力，若有人愿意帮忙推我过去，我会感激不尽。我倒是希望马路对面是家巧克力店而不是一元店，但只要那儿卖巧克力，我就心满意足了！

我不会囤积餐厅的
黄油块

我不会囤积糖果包装，就连那些看着漂亮的
硬纸盒我也不会留存。只有东西能重复使用
或者可回收时，我才会留下。收集（确切说
是囤积）东西的日子早已离我远去。到了一
定阶段，就该清理杂物了。我可不想让后辈
们——或者那些擅长处理旧货甩卖的人——
在阁楼、地下室、壁橱，甚至冰箱里，费劲
地清理那些没用的东西。

父母去世后，光他们从餐馆顺回来的葡萄果冻、草莓果酱和招牌橘子酱的小"分装杯"，还有免费的黄油块，都多到我能开一家叫"斯马克咖啡馆"的小餐馆了。唉，这不过是其中一部分！

父母离世后留下两栋房子要清理，这让我和弟弟、妹妹的工作量直接翻倍。我们很快发现，他们在生命的最后几年不但没有清理杂物，反而还在不断积攒一辈子留存下来的东西。父母不仅留下了他们的物件，还有一整排文件箱，里面塞满了信件、剪报，以及我那爱囤积东西的图书管理员祖母的照片。自从25年前祖母去世，这些箱子就一直没人动过，当时我们可是花了好几个星期才清理完她的房子。

我回想起25年前的那次清理经历。父亲一向行事高效，在我们抵达祖母家前就定下了规矩："玛丽安房子里的所有东西，今天都必须处理掉。"我还记得父亲递给我一个超大箱子，对我说："现在就把这个处理了！"如今我才意识到，那时我们所做的不过是推迟了不可避免的结果。现在，它们又出现在这里，静静等着我们做最终决定。

我和弟弟、妹妹商量要不要打开祖母留下的箱子。我暗自思忖："我们会不会发现什么秘密呢？"然而一想到这可能要耗费大量时间，我突然就像父亲一样，对着弟弟、妹妹和他们的配偶大声喊道："现在就把这个处理了！"我决定就让祖母的秘密只属于她自己吧！

从那以后我时常会想，如果当时我们花时间去翻看那些箱子，可能会发现些什么。我记得曾在祖母的地下室找到一个银行专用箱，上面用她那老式笔迹写着"史蒂文"。多年前清理她的房子时，我把这个箱子带回了家。过了一年多我才打开它，打开的那一刻，我惊讶地发现里面装的竟是我十几岁时的日记。我一边读，一边在新笔记本上写道："这些日记悄然记录下我那些无处诉说的焦虑、惊恐发作，以及刚刚萌生的抑郁情绪。倘若没有祖母，我真觉得自己会永远迷失。"

在清理父母第一栋房子的那天，我根本没时间沉浸在思考中。摆在我们面前的任务极为艰巨——弟弟开着平板卡车，把近4000磅[⊖]的东西运到了镇上的垃圾处理场，那些东西堆起来简直像一座小山。我们分了四堆：弟弟、妹妹和我各一堆，第四堆用来扔弃。每当弟弟或妹妹开始回忆往事，说着"你还记得……的时候吗"，我就会打断他们的话，模仿父亲的语气喊道："喜欢就拿走，不喜欢就扔掉！"

一切结束后，清理父母遗物的经历让我成了"瑞典式死亡

⊖ 约 1.81 吨。

清理"（döstädning）的拥护者。《瑞典式死亡清理的温柔艺术：如何让自己和家人摆脱一生的杂物》（*The Gentle Art of Swedish Death Cleaning: How to Free Yourself and Your Family from a Life time of Clutter*）的作者玛格丽塔·马格努松（Margareta Magnusson）阐释了这种简洁而绝妙的方法："它指的是当你感觉自己离生命终点越来越近时，要清理掉不必要的东西，让家里整洁有序。"自称"年龄介于80到100岁之间"的马格努松还敦促读者尽早行动，免得让心爱的人承担这项既麻烦又耗时的任务。这有点类似近藤麻理惠在她的畅销书《怦然心动的人生整理魔法》中提出的"心动测试"。近藤麻理惠写道："当我们深入探寻无法舍弃某样东西的原因时，其实只有两个：对过去的留恋，或是对未来的担忧。"

在清理完父母的海滨别墅和城市公寓后，我不禁回想起一件发生在20世纪90年代中期的事。那时，我前伴侣的父亲因结肠癌去世，我们去清理这位老人的家。那是一座外观整洁的砖砌牧场式房子，可里面完全就是囤积者的"领地"，让人瞠目结舌。一打开前门，只见报纸和杂志堆积如山，摞得极高，我们只能穿过一条条狭窄的"通道"，艰难地从一个房间挪到另一个房间。

走进厨房打开冰箱，里面囤积着不少黄油块（多年后，我竟在父母的冰箱里看到了同样的情形），还有一堆沙拉酱瓶。但是真正让人震惊的是走进浴室之后的发现：他精心清洗、晾干并重新包装了数百个用过的结肠造口袋。我敢肯定他并非对这些东西情有独钟，它们也绝不可能通过"心动测试"，可老人就是舍不得扔掉。

思绪拉回到我父母这边。

清理完父母的杂物后，我坐下来阅读《瑞典式死亡清理的温柔艺术》这本书。它篇幅不长，内容简洁，我边读边做笔记，还列了待办事项清单。

"去看看你的储物间，开始把里面的东西拿出来。你想过吗，等你不在人世了，这些东西要由谁来处理？"

我率先扔掉了20年来积攒的纳税申报单和所有证明文件。一箱又一箱，全处理掉了。随后我用这些空箱子，装起个人文件以及用于书籍研究的资料，捐赠给了大学图书馆。书中提到：

"如果我们舍弃多余之物，生活将会变得更加惬意和自在。"

我把梳妆台翻了个遍，将几十件多年未曾留意或是已然派不上用场的物品打包，准备捐给旧货店。书中还说：

"整理物品，回味它们承载的价值，是一件饶有兴味的事。"

清理杂物、践行"死亡式清理"时，我有个意外收获，那便是重温往昔美好时光。我还留存着几鞋盒从20世纪60年代起保存的几千张照片，盒子上简单标注着"照片"。我一箱一箱地仔细筛选，挑出值得留存的照片。有时，我会因发现的回忆而满心欢喜；有时，这些回忆又让我心情沉重。我不禁心想："我还能清理完吗？"

所以，我决心不让房子堆满小摆件、成摞信件或是堆积如山的衣物，等着亲戚们来收拾，再拿去捐赠或丢弃。我环顾四周，模仿父亲的口吻自言自语道："现在就把这个处理了！"

我不会等到失聪或频繁询问"你在说什么"时才佩戴助听器

为什么我们能坦然接受老花镜是生活中必要的物品，却把助听器视作衰老将至的标志呢？如今的助听器比以往任何时候都更小巧、更不引人注目，要是我有需要，肯定会去配一副。我可不想承受置身无声世界的孤独。

45岁时,我开始需要老花镜,便去配了一副。52岁,我又需要能看远的眼镜,同样也去配了。到了56岁,我换成了渐进多焦点眼镜,当时只记得心里感叹:"哇,这眼镜可真贵啊!"在视力逐渐下降的过程中,我从未犹豫过要不要配眼镜。

但要是有一天我需要助听器,情况可能就不同了。巴纳德学院的教授,《纽约时报》专栏作家詹妮弗·芬尼·博伊兰(Jennifer Finney Boylan)在一篇专栏文章中一针见血地指出了这种困境:"我不禁纳闷,为什么预防失明的设备被看作时尚标志,而预防失聪的设备却让人觉得难堪、不够酷呢?为什么对助听器最高的夸赞竟是'我几乎注意不到它'?"

博伊兰教授,您说得太对了!

我自认为听力还不错,可实际上……嗯,我从来都没检查过听力。不过我得坦诚地承认,如今选择餐厅时,我更在意的是它的噪音分贝而非米其林星级。好在现在有我很喜欢的"Yelp⊖噪声指南",能帮我在所在城市找到最安静的酒吧和餐厅。

一些听力不好的朋友分享了许多外出就餐的建议。"为了听得更清楚,就餐时要面朝墙坐,别面朝外。"还有人建议:

⊖ 美国最大的点评网站。

"别选普通桌子，选有隔断的卡座，因为卡座的布艺坐垫和高靠背能在嘈杂环境中隔出一个相对安静的小空间。"最后还有这条："选择远离厨房的桌子，尤其是在那种开放式厨房的餐厅。"

听着这些建议，我意识到其中一些或许对我也有用，因为我突然想道："我的听力是不是不如从前了？是不是该去检查一下？"

我们有很多理由不用助听器：佩戴起来不舒服，外观难看，还会发出恼人的啸叫声，甚至会弄疼耳朵；在人多嘈杂的地方，往往不太好用；价格昂贵。最为关键的是，正如博伊兰所写："我觉得戴助听器会让我显得既老气又不合群。"又比如，一位在50岁时购买了第一副助听器的朋友解释道："没错，我曾觉得（戴助听器）会让我有羞耻感。但后来我发现，那种不得不总是让别人重复或是有时听不见别人说什么而导致跟不上对话的感觉，同样让我感到难堪。"我深有同感。

在父亲生命的最后阶段，他常常对我大喊："大点声！"家人乃至他生活圈里的所有人都没能逃过他的"纠正"。曾经身为电视制作人的父亲下达这个指令，意味着他觉得我们说话声音不够响亮，因为以前我和父亲身处控制室时，他也会对主播喊同样的话。可如果他说的是真的，那他的妻子、三个成年子女以及子女的配偶，岂不是都成了说话语调低沉、含糊不清的人？显然问题出在他身上而非我们，为了让他能听见，我们只能扯着嗓子大声说话。

我知道父亲厌恶戴助听器，因为他跟我提过。他还说过他觉得祖母戴的那款"米色香蕉船"助听器让人显得"又聋、又笨、又老"。可祖母并非如此，她在图书管理员的岗位上干到70多岁，80多岁还常跑去纽约市看戏。但是她戴的那款助听器确实像一只趴在耳朵后面的变异昆虫。

即便我向父亲解释最新款的数字助听器几乎隐形，比如"迷你耳背式助听器"和"完全耳道式助听器"，他也听不进去，又或许他只是没听清。

父亲这种情况并非个例。美国国家耳聋及其他交流障碍研究所的数据显示，超4800万美国人存在听力损失问题。在65岁至74岁人群里，1/3有听力需求的人未使用助听器；75岁及以上人群中，这一比例更是高达一半。不愿承认听力问题是一大阻碍，费用则是另一大难题。据梅奥诊所称，一副助听器的价格根据不同款式和功能在1500美元到数千美元不等，确实不菲！

我对祖母的印象之一便是节俭。尽管助听器价格高昂，可她还是察觉到需要购置一副。我还记得她做出这个决定的那天，那是个意义重大的时刻，我为此还写了一整篇日记。

那天，72岁的祖母像往常一样带我去剧院看日场戏剧演出，祖母向来视我为"头号孙子"，十分宠溺我，加之她清楚自己听力不好，所以我们买了前排的座位。

遗憾的是，剧院没有为有听力辅助需求的观众准备"助听设备"，这导致祖母听不清台词。她开始轻轻推我，像许多听力不佳的人那样大声对我耳语："他说了什么？"我便小声给她解释。起初还算顺利，直到剧中主角开始倾诉爱意。

每到这些关键节点，祖母就会用手肘轻轻碰我，大声追问："他们在说什么？""他们在说什么？""他们到底在说什么呀？"

"嘘！等结束了我再告诉您，奶奶！"

演出结束后，我如实告诉了她。而下次我们再去看演出时，她就戴上了那款"香蕉船"助听器。

祖母汲取了教训。

我那60岁出头的朋友丹尼尔也变了。他的妻子劳拉直白地说："你听不清我说的话，常常走神。"之后他便去配了助听器。他肯定是把这话听进去了，因为后来他在电话里跟我说起了这件事。

丹尼尔说开始使用助听器后有"一个显著的变化"，能听到鸟儿啼鸣、树叶沙沙和蝉鸣声了。"甚至能听清劳拉说话了！"他这才明白，"错过的东西就真的错过了。在这之前有时候你能意识到有人跟你说话但没太听懂，而很多时候你甚至都意识不到错过了什么。"

要是运气好点，我不会像父亲和祖母那样出现听力下降的情况（虽说从基因角度看，形势不太乐观）。倘若真有需要，我会去购置合适的助听设备——最好是支持蓝牙功能，还能播放音乐和播客的那种。我很清楚听不见周遭发生的事比佩戴助听器更会让人觉得"我老了"。

我已经预约了一位听力专家，实际上，就是丹尼尔推荐的那位。后续结果如何，我会再跟你讲。

我不会沦为诈骗犯的
受害者

骗子们蓄意瞄准老年人下手，因为他们知道，老年人相较年轻人更容易感到困惑，也更易上当受骗。我会时刻保持警觉，铭记于心：要是某件事听起来好得离谱，那它基本就是不可信的。

你收到这样一封邮件，对方自称是你的某个孙辈或是与孙辈在一起的人。邮件内容是："我在加拿大，想回家可车坏了，急需钱修车。"还有些求助信息不是说某位亲属遭遇抢劫、出了意外，就是说需要钱保释。不管具体情节怎样，字里行间都营造出一种十万火急的状况，催着你立刻汇钱帮他们摆脱困境。乍一听，你或许会想着赶紧帮忙，毕竟是自家亲人，怎能袖手旁观？

但实际上你有足够的理由拒绝。这类情况很可能是骗局，目的就是骗走你的钱，而且这种现象极为常见。这就是"祖父母骗局"，同样的骗术年复一年反复上演，不断坑害那些容易上当的老年人。

"祖父母骗局"专门针对老年人设计，还有许多其他骗局同样是为我们这些上了年纪的人量身打造的。

比如某些电子邮件，声称你的某个银行账户需要更新信息，还附上链接，诱使你点击进入操作页面。你往往在毫无察觉之时，就已经输入了诸如驾照号码、社保号码、电话号码、母亲的娘家姓氏等所有个人身份信息。

又或者你被告知访问了色情网站，即便你从不浏览所谓的"艺术电影"。其中一种骗局的内容是这样的："在你观看视频时，你的网络浏览器被当作远程桌面，安装的键盘记录器让我能够访问你的显示屏和网络摄像头。我已经从你的即时通讯软件、脸书账号以及电子邮箱账号中收集了你所有的联系人信息。"不仅如此，邮件还声称你观看那些模糊视频的过程已被录制下来，甚至直接在文本中写道："没错！就是你在做那些下流的事情！"倘若这些还不足以让你恐慌，邮件还会称你的所有个人联系人，包括家人、朋友和同事的信息都已被获取。此刻敲诈者会限定你在24小时内支付几千美元，威胁你要么交钱，要么他们就将这些所谓的"证据"曝光。在这种情况下，即便无辜的人也可能会因愧疚感而选择支付钱款。

骗子们清楚老年人很容易成为各类骗局的目标，这些骗局涵盖信用卡、抽奖活动、慈善事业、健康产品、杂志订阅、房屋装修甚至情感领域等诸多方面。很多老年人生活孤独，愿意倾听他人，而且他们相比年轻人可能更容易上当受骗。

比如一位79岁的老人向女儿提及自己在网上结识了一位女士，还常常给对方寄钱。尽管两人从未见过面，但那位女士通过电子邮件向他示爱，还让他帮忙给她和年幼的儿子买食物。老人怎能忍心拒绝？女儿察觉到事情不对劲，可父亲根本不听劝依旧不断寄钱。在两年时间里，老人给这个陌生人寄去了70多万美元，几乎是他一辈子的积蓄。女儿最终取得了父亲账户的代理权后，才了解到这场骗局的严重程度。

唉！据斯坦福长寿中心和美国金融行业监管局投资者教育基金会称，这种情况并非个例。65岁以上的人群在金融骗局中损失钱财的可能性要比40多岁的人高得多。

我在母亲身上就亲眼见过类似的事，而且那还是在她患上痴呆症之前很久的事了。有天下午我去看望母亲并一起吃午饭，在餐厅的桌子上看到一个来自某个人投资公司的包裹。我知道母亲已经有理财顾问了，便问她这是怎么回事。她轻松地回答："哦，他给我打电话，问我有没有兴趣获得更高回报的投资，我就说'当然有兴趣'。"

母亲承认他们已经"聊过很多次"。她喜欢被人关注的感觉，也心动于对方做出的承诺。毕竟谁会不喜欢呢？我找到那人的名片后，给他发了几封电子邮件，明确告知他母亲已经有了理财规划师，不打算再找其他人。他没有回复我，但还是继续纠缠母亲，甚至还约好了要到家里来。

居然要到家里来！到了这个时候，我既知道了他的电话号码，也摸透了他的意图和手段。于是我打电话警告道："离我母亲远点，不然你会后悔的！"从那以后，母亲再也没收到过他的消息。但我知道母亲绝不是最后的潜在受害者。大约10年后，我居然收到了来自同一家投资公司一模一样的招揽信息，承诺的内容也如出一辙。坦白讲我有点惊讶，这么快我就从一个保护母亲的儿子变成了潜在的受骗对象。

我在近20年里首次重新开始约会，这才惊觉有太多东西需要了解，尤其是形形色色的约会应用程序，这宛如一个全新的世界，充满了邂逅新恋情的机会和心碎的可能，甚至还会遭遇网络钓鱼和骗局。

我在注册后不久便陆续收到一些人发来的信息，他们在资料里呈现出的形象堪称完美——住着装修精美的公寓，有着体面工作，还有模特般的帅气外表。然而我很快就发现，他们中有许多都是虚假人设。这种行为被称作"网络钓鱼"，《城市词典》对其的定义是"为了开展一段具有欺骗性的关系而创建或使用的虚假或被盗用的网络身份"。而后来我才知道网络钓鱼在网络约会这行是个"大买卖"。那些照片可能属于某个真实的人，只是身份被盗用了。

所以我会秉持"买者自负"的原则。要是某件事看着好得离谱，那它肯定不可信。收到短信或邮件让我点击链接，我绝对不会点！而且，在没核实清楚前，我绝不会给任何人汇钱。话说回来，你家孩子或孙辈上次给你发邮件是什么时候？如今，要是他们发短信求助——嗯，这可就另当别论了。

我不会让家人承受照料的重担

居家养老对于很多人来说是理想的规划，然而对家人来说或许更像一场潜在的噩梦。我会提前为自己的照料问题做妥善安排，而不是一味地指望一切听天由命。

父母刚具备享受医疗保险的资格，我和弟弟、妹妹便开始劝说他们规划未来。彼时他们身体尚健朗，然而当我们审视他们的住所时，满心皆是忧虑。那房子台阶众多，门框狭窄，地板也不平整，更关键的是距离住得最近的妹妹家足有100英里[⊖]远。很容易便能设想出父母一旦遭遇意外，将会陷入怎样的困境。

倘若他们当中有人残疾或者患上重病，该如何是好？要是其中一位先离世，留下另一位孤苦伶仃，又该怎么办？弟弟杰伊考察了他位于康涅狄格州西港镇的家附近的持续照料社区，在这种社区里，居民起初可独立生活，后续若有需求，也能获得生活协助或专业护理服务。其中有个社区看起来相当不错，虽然价格高昂。社区网站上的描述极具诗意，着重介绍了社区内"迷人的精品店""富有挑战性的高尔夫球场"，甚至还提及顶级的宠物托管服务。

杰伊带着父母前去实地参观，一切果然名不虚传。他回来后向我和妹妹汇报说，所有住房单元无论大小都带有私人露台或庭院，卧室和起居区宽敞，还有诸多其他优点。在社区的"高级餐厅"，一份晚餐样品中有虎虾炸饭团，主菜可在菲力

⊖ 约 160 千米。

牛排与用清酒、罗望子调味的智利海鲈鱼中任选，甜点则是咖啡、酒、焦糖布丁，配黑莓酱。这与偏爱土豆烧肉的父母的饮食习惯截然不同。

"我讨厌吃鱼。"母亲提醒弟弟，以此来否决这个提议。

父亲也表态称："这儿绝对不行。我们要在家养老。"于是这场谈话就此终结，尽管多年来父母一直对我们说："我们不想成为你们这些孩子的负担。"

后来事实证明，我们这些"孩子"才是更为现实的一方。父亲真的残疾了，母亲被诊断出肺癌，他们确实成了我们的负担。一份赔付优厚的长期护理保险支付了大部分居家服务费用，但他们的居住状况还是沦为了我们曾经预想的噩梦。一场暴风雪致使断电数日，他们被困在家中。我从父亲给当地警察打电话的声音里，第一次真切地听出了恐惧："我都80岁了，你们得把通向我们家的路清理出来，以防我们需要拨打911。"

在父母生命的最后几年里，他们一直在家中生活。在此期间我们三兄妹负责管理他们的财务，聘请和解雇护工，必要时拨打911（并尽可能避免在不必要时拨打紧急电话），应对那些已然成为日常的危机。我们轮流"待命"，这意味着要分担半夜接听紧急电话的任务。照料工作从各个方面来看都令人疲惫不堪，尽管父母始终念叨着"我们不想成为负担"。

父母离世后，我也到了60岁，那时我发誓要换一种方式处理这些事。美国退休人员协会称，如今65岁的人可能还会平均再活20年，且70%的人会需要某种程度的长期护理。我得制订一个计划，确切来讲是一个修订版计划，因为在此之前，我一直期望配偶能在我的养老规划中发挥重要作用，但我们已经离婚。所以鉴于无法保证能找到新伴侣，而且我没有孩子，我必须为自己精心策划一个养老方案。

因为我的同龄人如今都快到（或已经到了）享受医疗保险的年龄，我便询问他们对老年生活的看法。一位前同事对我说："逃避，史蒂文，纯粹就是逃避！"一位高中朋友则一针见血地指出："叫我彼得·潘吧！我的计划就是永远不长大，永远不需要老年生活照料。"我能理解他们。

之后我和一位堪称典范的邻居朋友聊了聊。现年52岁的皮尔·卡洛解释道："我的计划是3年后，等我55岁的时候，在一个持续照料社区交定金，等70岁左右就搬过去。我感兴趣的那些社区排队等待入住的名单都很长，所以我想尽早登记。"他也是从亲身经历中明白了这个道理。"每年7月4日，我母亲打电话时总会以'我们珍视什么'作为开场白，正确答案是'我们的独立'。我明白母亲的意思，但我觉得她大错特错，其实珍视对他人的依赖同样重要，事实上我认为这对确保我们晚年生活舒适而言很重要。"

其他朋友，尤其是60到70岁的那些人，在做类似决定时似乎都犹豫不决。当我和一位快80岁的邻居提起老年生活照料这个话题时，她只是双臂交叉抱在胸前示意谈话结束。或许皮尔·卡洛该和她聊聊："对于变老这事儿你得主动应对，而不是被动接受。不能等到非搬家不可的时候才行动，因为那时你的身体状况可能已经不允许搬家了。说到居家养老，最近《纽约时报》的一篇文章道出了很多人不敢直言的事实——居家养老对父母来说或许还行，但对远在千里之外的子女而言可能是一场噩梦。"

和90%的美国老年人一样，我也曾期望能"居家养老"。但当我亲眼看见这给父母带来的艰难以及给我和弟弟、妹妹造成的困扰后，我的想法改变了。况且居家养老成本也不低：根据行业研究公司"生活规划"的数据显示，人到60多岁时长期护理保险的保费为平均每年2700美元。这可不是一笔小数目，并且一旦某次未能按时缴费，之前缴纳的所有保费就无法再提供原本预期的保障服务，等于白白浪费了。

长期护理保险的保费会随着年龄增长大幅上涨，而且一旦患上某种疾病，很可能会被保险公司拒保。至于医疗保险更是指望不上，它既不涵盖养老院费用、生活协助服务费用，也不包括居家护理费用。

幸运的是，我所在地区的养老住房选择丰富多样：有持续照料社区；有专为那些需要更多医疗护理的老人打造的养老院；有针对患有阿尔茨海默病或其他痴呆症患者设立的"失智症照护专区"；还有合住社区，这里的居民各自拥有独立单元，同时共享厨房及其他公共区域。

我不禁思索对于我这样步入老年的人而言，这些选项里究竟哪一个最为合适。

为了找到答案，我牢记一位美国退休人员协会的副总裁在一次采访中给出的建议：看待未来的养老选择时，重要的是以10年或20年后自己的视角出发，而不是以当下的眼光去衡量。

说实话，我打心底里不想展望那样的未来，但我心里清楚这就是逃避现实。

我就此踏上寻找合适养老方式之旅，先是预约参观了附近的一个持续照料社区。据了解，依照不同的住房单元类型，这个社区的等待入住名单时长可能多达14年。提供众多此类社区详细信息的养老生活网站报道称，持续照料社区是费用最为高昂的养老选择之一，入住费用可能高达几十万美元，除此之外每人每月还需额外支付2000到4000美元。

我在参观之前顺路去了朋友黛比·芬恩和她丈夫亚瑟居住

的两居室小屋。黛比曾是教师，亚瑟则是退休医生。他们时常怀念过去居住了30年的社区与房子，然而现年86岁的黛比却说道："我们做了一个正确的决定。"

午餐时，身材健康、穿着时尚且极具魅力的黛比告诉我："要是夫妻中有一方需要去医院，而另一方还得开车送，居家养老就会很不方便。要一直找到靠谱的居家护工也不容易。我们的孩子现在都不用为我们的健康需求操心了。"我知道她口中的"孩子"其实都已是步入中年的成年人了，他们对父母的决定都坦诚地表达了支持。

黛比带我到社区餐厅用餐。餐厅里光线明亮、空气流通，午餐提供蒜香虾、比萨，还有种类丰富的沙拉和三明治。我环顾四周，内心不禁感叹："天啊，这里怎么这么多老人！"我留意到许多居民坐着轮椅，还有些人拄着拐杖、使用助行器或轮式助行器。我跟黛比说了自己的发现，她尴尬地笑了笑，点头表示赞同。后来我跟另一位朋友聊起这段经历，她母亲曾住在别的退休社区，她直接跟我说："退休社区的餐厅没什么好吃的，可别带人去那儿。"

听到这话，我的心猛地一揪，心想：难道这就是我的未来？

我没就此退缩，而是继续跟着一个约20人的参观团去参观社区的其他建筑。队伍里有女儿陪着母亲的，有70多岁的夫妻，还有些年纪更大的人。我邻居80多岁的前夫也在参观团里，参观开始前，他悄悄跟我说："我宁愿自杀，也不想待在这儿。"我只当他是在开玩笑。

我们一起参观了几个住房单元，从别墅到普通公寓都看了个遍。所有地方都干净整洁，有的宽敞明亮，有的空间较为局促，而且价格都不便宜。

随着"彼得·潘综合征"逐渐消退，我的焦虑感却越来越强烈：没错，终有一天，我也会成为这些老人中的一员。可这种恐惧到底会促使我积极规划养老生活，还是会让我像父母当年那样选择逃避现实呢？在参观团准备前往专业护理机构——说白了，那就是为生命步入最后阶段的人准备的地方——之前，我找到了答案：我一声不响，从后门悄悄溜了出去。

我继续寻找合适的养老之处，接下来考察了一个合住社区。这相对节省费用，不过也不是能轻松负担得起的地方。合住社区是老年人的一种新选择，有私人公寓或者联排别墅，同时还共享厨房、餐厅、洗衣房以及娱乐区等公共空间。建筑师查尔斯·达雷特（Charles Durrett）提出了"合住社区"这个概念，还与人合著了《老年合住手册》（*The Senior Cohousing Handbook*）一书。他解释说，居民之间的社区互动是合住模式的核心所在。一位自称"幸福居民"的人跟我说："对于老年人来说，这是个非常好的居住选择，既能让他们保持尊严、独立生活，又能保障安全，相互照顾，充满乐趣。"

"居民之间没有等级差别，"达雷特对我解释道，这些设施的设计初衷就是为了增进社区氛围，加强居民联系，"这可不只是为了实现独立生活和获得照料，更关系到每个人极为重要的情感幸福。"在很多这类社区里，居民们在必要的时候会互相承担大量的日常照料工作。当然，帮邻居买买菜、做顿晚餐这样的事我还能接受，但说实话，我实在无法想象给其他居民更换成人纸尿裤，更别提让住在走廊那头的人来帮我做这种事了。对我而言，这种联系实在太过亲密了。

这下我更加理解父母当初为什么难以制订养老计划了，虽然他们很幸运有足够的经济实力支付几乎任何等级的照料费用。我们曾看着姑祖母在养老院里度过生命的最后时光，我永远都忘不了那一幕：一排坐着轮椅的老人在昏暗的走廊里排着队，脑袋低垂，嘴巴大张。一想到自己的晚年可能也会是那样，实在有些恐惧。我挺喜欢现在的房子，一楼有一间卧室和浴室，这使得居家养老成为一种可能。但如今我没有配偶（至少目前是这样），我心里明白得有个备用方案。于是，我给那个持续照料社区打了一笔定金，而后松了一口气，我猜我的几个后辈也会因此感到宽慰。

我不会让助行器毁了
我的格调

话虽如此，但该用还得用。

我坚信等我到了需要助行器的那一天，设计
界定能推出颜值更高的款式。我也希望自己
能优雅地使用四轮助行器。

"助行器这种辅助工具，简直和所有穿搭都不搭调。"至少一位高中同学是这么跟我说的，她母亲对时尚颇为讲究，还特别注重外表，就是不肯用助行器。她妈妈嫌弃助行器太难看，这位朋友无奈地解释："我们拿个紫红色网兜装饰了一番，用来装她的《纽约时报》、口红和钱包，所有东西都用鲜绿色橡皮筋固定住了。"可即便如此，她妈妈还是拒绝使用。

唉，这可怕的助行器！每转动一下小轮子，似乎都在无声地宣告：你失去了独立、活力与力量。它简直就是"老态龙钟"的代言人，而且好像嫌这还不够糟似的，它的外观实在是丑得离谱。怪不得这么多老年人抗拒使用助行器，从方方面面来看，它都让人难以接受。

说起我风度翩翩的父亲，20世纪60年代，他留着时髦鬓角，70年代，又常穿黑色高领毛衣。我一直以为，他拒绝用助行器是怕显得像个病弱模样的老人。说实话，我从没想到他大概率是特别反感助行器破坏个人风格，有时候外在形象确实很重要。

一些产品研发人员试图改进那些简陋的助行器，但成效不大。我认识的一位护工玛丽认真地建议说："把它做得漂亮可爱些，这样使用者用着也会感到自豪。"事实上，玛丽还提到装饰可以随季节变化：秋天用色彩鲜艳的丝绸叶子，12月用冬青和常春藤，2月用爱心装饰，圣帕特里克节[⊖]用四叶草。但是我并不认同用幼儿园教室的风格来装饰这个代表年老的东西能维护老人的自尊。

回想起高中同学在说服她妈妈使用助行器时遇到的困难，再想想父亲是多么抗拒使用助行器，我决定在谷歌上搜索"如何装饰助行器"。显然我找对了方向，搜索结果竟多达1400万条。我忍不住点击了一个名字很直白的油管视频"如何装饰助行器"，视频由一家名为"收缩贴纸"的公司制作，该公司出售可以贴在助行器上的"时髦"包装纸。广告提到："使用收缩贴纸装饰你的医疗设备简直易如反掌，只需包裹、粘贴，然后用吹风机加热收缩即可。"要是有人好奇的话，你也可以把这些贴纸贴在拐杖、手杖、输液架、石膏绷带，甚至轮椅上。你想要时尚的豹纹还是斑马纹呢？

我觉得这个概念荒谬透顶，就如同给猪涂口红白费功夫。只要助行器的外观还和那些常与之捆绑售卖的浴缸凳、坐便椅升降辅助器一样毫无美感，它们就会持续破坏我们的穿搭风格，影响我们的心态。

正因如此，当看到许多来自斯堪的纳维亚的新锐设计师

⊖ 每年3月7日。

满怀热忱，从功能和美学两个维度对传统助行器以及带座位的四轮助行器进行革新时，我满心欢喜。以"让我们飞"（Let's Fly）这款助行器为例，它的造型仿佛是一把优雅的中世纪现代风格椅子与一辆高科技折叠滑板车融合的产物。在一场欧洲工业展览会上，它凭借精美的设计荣获了"设计最精美产品"这一最高奖项。"让我们飞"还配备时尚的配件，其中包括一个配套的手提包，有了它，你就不必像其他人那样把塑料袋随意挂在难看的助行器把手上，任由其随风飘动了。

是的，风格至关重要。在与父亲的那次争执中，我还深切意识到用词同样不可忽视。在助行器事件发生前，我和弟弟、妹妹建议父亲使用拐杖，他却拒绝了。他甚至向我们展示在谷歌搜索"拐杖"时呈现的内容：适用于残疾人及老人护理的老年人拐杖和手杖。

我从他身后探过头去瞧，发现亚马逊上许多商品巧妙地将拐杖称作"步行杖"。"步行杖"，这词会让人脑海中浮现出一位英国绅士身旁伴着一只猎犬，悠然地在自家宽敞的庄园里踱步的画面，而非一个在养老院走廊艰难拄拐蹒跚的老人形象。

父亲当即订购了他相中的那根木质"步行杖"。然而他是那样固执的人，那根手杖常常靠在卧室墙边，不管他当时身处房子的哪个角落。

我决定和父亲认真谈谈，或许还带着点小小的吓唬。父亲在大多数事情上还算通情达理。一天下午我和他坐下来，告诉他使用手杖实际上有助于他维持独立，往后无须协助就能自由行动。我甚至给他看了一项名为《手杖或助行器有用吗？》的研究报告。简言之，答案是有用。研究表明在那些摔倒的受访者中，有3/4的人摔倒时没有使用辅助工具，即便他们承认手杖有助于防止摔倒。我不禁心生疑惑：那他们为何还不用呢？于是我将排在前四位的原因念给父亲听：我实际上不需要它；我忘了自己有手杖；它让我感觉自己老了；它总是不在身边。

父亲迅速转移话题，问道："晚饭吃什么？"后来我被问到棘手问题时也学会了用这招。

我提醒父亲，他的母亲即便多次摔倒，依旧坚决不用手杖。祖母个性极其独立且十分固执，84岁还坚持独自乘坐纽约市地铁。所以有一天下午她在E线地铁上被撞倒，也不是很出人意料。讽刺的是，E线曾是旧独立地铁线的一部分。祖母生命的最后一年在医院度过，因拒绝使用手杖，她丧失了行动的独立性。出院回家仅仅两天后，她便与世长辞。

没错，固执这一特质在我们家族的基因里相当突出。可我发誓绝不让自己重蹈覆辙。真的，我一定不会！

我不会让自己闻起来有老人味

当每天洗澡变成一件苦差事，或者连洗衣篮都提不动的时候，情况就已经够糟糕了。可如今，科学又让我们多了件烦心事：老年人特有气味的化学成因。

"要是哪天我没法自己打理个人卫生了，我肯定会找人帮忙，"一位60多岁的朋友信誓旦旦地说，"我起码得保持干净清爽，这样别人才愿意坐在我身边握住我的手。"

我懂。我也一心想确保自己永远不会散发出那种确凿无疑的"老人味"。没错，这气味真实存在，科研实验还真对它展开过研究。《时代》杂志曾报道："老年人确实有一种独特气味，而且极为明显，人们仅凭嗅觉就能判断出对方是老人。"祖母已经去世35年多了，可她身上的气味我至今记忆犹新。不管她洗没洗澡（她不是每天都洗澡，在她那一代人里，这种情况很常见），祖母身上总有一股淡淡的甜腻混合着霉味。一部分气味来自露得清经典香味的护肤乳液，几代人都知道这款乳液带有"樱桃杏仁精华"的味道，其中还明显夹杂着衰老的气息。

每个人在不同年龄段往往会有不同气味。从新生儿那清新的味道开始，据说这种味道对妈妈们很有吸引力，有助于建立母婴情感联系。再对比青春期十几岁男孩的味道，他们散发的荷尔蒙气味刺鼻，或许是一种用来彰显生育能力或性成熟度的求偶信号。不管我们是否察觉，人类能从他人气味中获取大量信息。

莫内尔化学感官中心的感官神经科学家约翰·伦德斯特伦（Johan Lundström）在一份其主导研究的新闻稿中指出："和其他动物相仿，人类能够从体味中提取信号，这些信号帮助我们

164

识别生物年龄、避开病患、挑选合适伴侣，以及分辨亲属与非亲属。"研究人员让年轻人去评估不同的体味，这些年轻人并不知晓体味源自哪个年龄段的人。出人意料的是，伦德斯特伦发现年轻人并不排斥老年人的气味。虽说老人味通常被视为难闻，但"倘若参与者清楚这些体味的实际来源，那么老年人的体味极有可能会得到更负面的评价"。原来如此：只有当我们得知气味来自老人时，才会对老人味心生反感。

这项研究还报告了另一个发现：参与者觉得老年人的气味相比那些十几岁、浑身散发异味的男孩，"没那么难闻"，也"没那么浓烈"。这不是显而易见的嘛！

这项研究的设计其实饶有趣味，尽管让人有些不适：将近40名男女分为3个年龄组：年轻人（20~30岁）、中年人（45~55岁）和老年人（75~90岁）。连续5天，受试者都穿着同一件汗衫，每件汗衫特意配备了腋下衬垫用以吸收体味。到第5天结束时，衬垫被收集起来并切成4等份，每一块分别置于一个罐子里。研究参与者需要打开每个罐子，嗅闻衬垫，进而猜测体味主人的年龄和性别。噫，有点恶心，但这不是重点。结果是年轻人和中年人的体味极为相似、难以分辨，不过二者在"浓烈程度"和"难闻程度"上的评分都颇高。而老年组的体味在"浓烈程度"和"难闻程度"方面的评分均低于年轻组。现在你了解了吧！

关于老年人为何会有独特体味，事实上有着科学的解释。令人意外的是，这既与个人卫生状况、未清洗的床单毛巾无关，也和所服药物、日常饮食没有联系。罪魁祸首是2-壬烯醛（2-nonenal），这是一种散发着难闻麝香和草腥味的化合物。它仅在40岁以上人群身上被检测到，并且其含量会随着年龄增长不断增加。很明显，随着我们逐渐变老，皮肤细胞中的脂质开始更多地发生氧化反应，我们皮肤上氧化的脂质越多，生成的2-壬烯醛也就越多。

这下明白了！

当然，独特并不一定就意味着不好。是不是因为我们自身存在偏见才不喜欢2-壬烯醛的味道呢？《纽约时报》几年前发表过一篇第一人称文章，讲述了一对50多岁的夫妇将房子借给一对老年夫妇的经历。据那位心情不佳的作者描述，那对老年朋友离开后，房子里"空气中弥漫着一种独特气味"。尽管房子看上去干干净净，作者还是用力"擦拭台面、拖地"，试图去除这种气味。她写道，不管自己怎么打扫，"那股气味依然存在。这气味不算难闻，但很奇怪，透着一股人的腻味气息。"

文章引发了读者的愤怒，他们质问《纽约时报》："你们会发表一篇探讨黑人、西班牙裔、胖子或同性恋者气味是否不同的文章吗？当然不会。将任何人归入某个类别，都是纯粹的偏见。"这进一步表明，年龄歧视或许是最后一种仍被人们默许的歧视。

不过，规模高达上千亿美元的护肤品行业倒是想出了应对老人味问题的办法，可在这个过程中也加深了对老年人的偏见。资生堂集团研发出了一款专门用于中和2-壬烯醛气味的产品，该公司直言"这种气味实在难闻"。他们甚至还为创造了"老人味"这个词而颇为自得，宣称这种气味"是仅次于口臭的第二难闻气味"。这可太过分了！

这款名为"和谐香水"的产品含有柿子提取物，制造商称其能中和"老人味"。直到现在这款产品在超市里还随处可见，有喷雾、走珠、棒状和片状等多种除臭剂形式。它并非只针对女性，资生堂还推出了男士版。另一家日本公司未来临床（Mirai Clinical）也来凑热闹，出售一种柿子香皂，不仅承诺能消除老人味，还声称能去除"恼人的阴道异味和脚臭"。

坦率地讲，我可不会去买这种"给奶奶用的空气清新剂"，还是把钱省下来吧！我会坚持刷牙，甚至还会美白牙齿。我会坚持刮胡子直到生命的最后一刻。我会经常用肥皂和水清洁身体。我甚至可能会去买些带有樱桃杏仁香味的露得清经典护肤乳液——我不介意身上有祖母那样的味道，而且我敢打赌，即便如此，还是会有人愿意握住我的手。

我不会抱怨物价高

抱怨物价似乎已经成了老年人生活中根深蒂固的一部分。的确，物价上涨的速度一直比养老金和社会保险的增长速度快，但我会把这视为不可避免的事，不会因此变得脾气暴躁。不过，也许对苹果手机的价格是个例外。

不久前，我偶然看到一篇言辞尖刻的博客，标题是《为什么老年人似乎觉得自己有权利抱怨物价？》。评论区热闹非凡，不过有一条评论尤其让我对那个爱发牢骚的年轻卖家感到不满。他售卖的某件商品虽然价格比其他卖家低，据说还是收到了一些老年人的投诉。"让我生气的是，这些投诉毫无根据，而且更糟糕的是……这些老人一来就投诉，态度还那么傲慢。"

为何会有这般敌意？会不会是他对老年人常挂在嘴边的话感到抵触？比如，"我像你这么大的时候，孩子们更懂礼貌，食物也更美味。那时的1美元，可比现在值钱多了。"还有与之对应的经典说法："我上学时要走10英里[⊖]路，而且往返都是上坡路。"的确，老人们过去生活的时代物价更低，但日子也更艰苦。

我恳请同龄的朋友们别再抱怨如今高昂的生活成本了。我知道这很难，但还是别再怨天尤人了。对我来说，爱抱怨的习性似乎是遗传的。这首先得怪我的祖母，经历过经济大萧条时期的她一生都在精打细算地过日子。祖母认真记录了60多年的家庭账目，其中很多账本如今到了我手上。每周她都会用她那独特的笔迹记下自己的实发工资，还有我祖父（一名手艺人）

⊖　约16.09千米。

的收入。随后她会扣除每周的各项开销，像食品费用、电费、电话费、煤气费和水费等。她偶尔还会记录下水道税（16美元）、更换炉灶和水槽的花费（267美元），甚至连1951年买一条新束腹带的费用（2.60美元）都没落下。1973年，她仔细记下了祖父的葬礼开销——鲜花60美元、牧师酬金100美元、自助餐52美元——还批注说，那是她"最悲伤的一年"。从1929年我父亲出生前一直到1992年她离世的前一年，祖母始终坚持记着这本家庭账本。如今这些账本就摆在我的书架上，时刻让我想起她那始终如一的节俭品格，而这种品格也传承给了我父亲。

休斯敦大学研究老年问题的历史学家安德鲁·阿肯鲍姆（Andrew Achenbaum）在接受《纽约时报》采访时曾说："经历过经济大萧条的人，都深知生活充满了不确定性与脆弱性。"在谈到像我父亲这样努力跻身中产阶级的人时，阿肯鲍姆接着说道："他们心底总是隐隐担忧，一切可能在瞬间逆转……这使得他们比常人更加焦虑，而且这种焦虑伴随了他们的一生。"

我可怜的父亲确实如此。他一直生活在对经济危机的恐惧之中，会把便宜的苏格兰威士忌倒进高档酒瓶里充门面，按照祖母在大萧条时期的波兰熏肠食谱做饭，每年总是在圣诞节前夕才去买家里的圣诞树，就因为那时圣诞树会打折。我还记得父亲对"城里的价格"极为震惊，他宁愿从曼哈顿开车到布鲁克林某个偏远的圣诞树销售点，只为买那棵虽不完美（却有着别样美感）且已两次降价的圣诞树。平心而论，父亲一直拼命工作，支付了我牙齿矫正、夏令营的费用，还承担了我大学的大部分学费。

唉，我似乎完全没遗传到祖辈们的节俭品性，直到40岁生日时才还清所有大学贷款，以及那些巨额信用卡欠款——大多来自布鲁明戴尔百货公司、罗德与泰勒百货公司和布鲁克斯兄弟公司这类"大牌商家"。母亲总是问我："你究竟需要多少件毛衣啊？"她还常常问我："这花了多少钱？"即便我是用自己的万事达卡付款。

但后来，在我50岁那年，那个遗传的节俭开关在我身上悄然开启。2008年经济大衰退期间，我开始格外在意商品价格，像父亲一样也开始寻觅价格实惠的圣诞树。

我不仅变得像祖母和父亲那样节俭，甚至当我问后辈那个最让人厌烦的问题"你刚买的苹果手机花了多少钱"时，我听到祖母的声音从我口中传出。尽管这与我无关，也不用我掏钱。祖辈的习惯和父辈的习惯如今传给身为叔叔的我了。

我保证我会克制不再抱怨物价上涨。但说实在的，一部新苹果手机竟然要1000美元？

我不会打"年龄牌"

上了年纪确实能享有一些特权，像看电影有
折扣，在公交车上或许会有个座位。但这绝
不是一张万能牌。我应得到长辈该有的尊重，
可优待也得有个度。老年人和年轻人一样，
得克制那种觉得自己理应得到一切的心态。

对于享受老年人折扣这件事，我心里还是有些不自在。在电影院、博物馆购买老年票或是在符合条件的酒店办理入住时，亮出美国退休人员协会会员卡，这感觉就像是在向收银员以及周围所有能听到的人高声宣告："我老啦！"不过既然有折扣，我还是会接受的，只是我会尽量小声些提要求。

秉持着这样的态度，我得承认：我成了网购网站"布拉德促销网"的忠实粉丝。就像一位网友发帖说的："真不知道是谁说变老不好，他们显然对这些超棒的老年人折扣一无所知！"多亏了这些优惠，我知道在本杰瑞冰激凌店、克里斯汀甜甜圈店或是汉堡王大快朵颐时，要主动索要折扣，从美国东海岸到西海岸的众多零售商都提供大量男女时尚商品的优惠，我经常还能找到航空公司、酒店和邮轮公司的老年人折扣优惠券。我真心想对这些商家说声"谢谢"！

唉，即便有这么多商家大方地提供折扣，仍有不少婴儿潮一代觉得自己理应得到更多。在"布拉德促销网"上，一对夫妇气呼呼地发帖称："不管什么时候、什么地方，我们买任何东西都该有折扣。"还有一位女士指责"布拉德促销网"的网络团队在回复购物者问题时，用蓝色背景来和用户的数百条帖子做区分，她写道："你们为什么要把这样的列表放到网上用蓝色突出显示呢？除非用彩色打印，否则蓝色根本打不出来，而彩色打印成本更高，可这网站不就是为了帮大家省钱吗？"我只想说：别再无理取闹了！

当一位女士抱怨自己买黑钻耳环时没法享受促销优惠，还嘟囔着"我实在太想要3副了，却享受不了折扣"，我的忍耐彻底到了极限。哦，没错，我是有点同情她……不过也就是那种对"富贵病"的同情罢了。

不出所料，我发现很多人都反感这些爱发牢骚的人。在一个名为"自以为是的老年人"的帖子下，一位不算年长的人评论道："别仗着自己年纪大就指望所有人都顺着你的心意来，尊重是靠自己赢得的，不是靠要求得来的……哼！"实际上类似这样的帖子有成千上万条，很多人都在抱怨老年人觉得自己理应得到尊重和服务，却连一句简单的感谢都没有。对不起了，婴儿潮一代的同胞们，我在这件事上站在反对立场——咱们别再觉得自己就该享受特殊待遇了。

在网上与陌生人发生争执是一回事，而当代际冲突发生在家庭成员之间时情况可能会更加棘手。一位女儿在一个在线建议专栏寻求帮助，希望解决她80多岁独自在家"独立"生活的寡居母亲带来的问题。这种"独立"是有代价的，可母亲却不愿为此花钱。女儿写道：

母亲指望其他人来承担她独立生活所需的事务，比如购买食品、打扫屋子、准备饭菜。她自己还能做不少事，但她不在乎这些。她觉得自己年纪大就理应得到这些帮助，而且不想为任何服务付费，尽管她完全有经济能力支付，这真的让我很恼火。她这种自以为是的态度已经让她失去了一些朋友，现在连家人都开始疏远她了。我不可能包揽所有事。有什么建议吗？

　　我在此替这位女儿回复：

　　亲爱的妈妈，用一用你的美国退休人员协会会员卡和医疗保险卡吧，毕竟这些老年人专属折扣是你应得的福利。不过，请收敛一下那种觉得自己就该享受特殊待遇的心态。对我而言，拒绝你并非易事，可我还有其他责任，像工作和自己的家庭，所以有时候我不得不拒绝。我希望你能理解我无法包揽一切，但我可以帮你一起想想办法。

爱你的女儿

我不会忘却礼仪

与其说这是一个承诺，不如说是一种期望，毕竟我清楚随着大脑功能衰退，礼仪规范很可能会被抛到九霄云外。但只要我还有能力，就会竭尽全力牢记餐桌礼仪（以及说"请""谢谢"等），也希望当我做不到的时候，亲朋好友能够多多包容。

我的母亲对得体的礼仪极为看重，在我还是个孩子的时候，她就悉心教导我要有良好的举止。完美的餐桌礼仪自不必说，而且远不止这些。我十几岁时，妈妈给我买了人生中第一套个人专用的克兰信纸，上面还印有我的名字，这样我就能给送我礼物的亲戚朋友写正式的感谢信了。她自己也买了一套相配的信纸。我记得那些午后我们并排而坐写感谢信，就像一个得体的豆荚里两颗礼貌的豌豆。

　　80岁出头的母亲被诊断出肺癌后不久，我发现她的性格变得让我很吃惊，她不再说"请"和"谢谢"，我怎么提醒都没用。我在餐桌上几乎都认不出她了，她不用叉子而是直接用手抓食物，这在以前可是她绝对不允许的失礼行为。后来有一天下午，母亲既沮丧又痛苦，竟把她的黑人护工希拉称作"佐治亚州的奴隶"。这可闯了大祸，护工向中介机构报告了这一言语攻击行为。母亲不但毫无悔意，反而对大家把这事看得这么重感到愤愤不平。我试图跟母亲讲道理，"那只是个玩笑，"她回应道。"这一点都不好笑，妈妈，你伤害了希拉。"我实在难以理解，这位向来举止得体、秉持自由主义思想的女性怎么就意识不到自己的话带有种族歧视色彩呢？

　　倒不是说母亲以前就愿意道歉。这种情况经常发生，每当她觉得被惹恼时，就会像个水手一样破口大骂，要是成了她的发泄对象，那滋味可不好受。她自己是对是错根本无关紧要，就比如有一次，她倒车时撞到了邻居停着的车，不但没为自己的行为道歉，反而指责邻居有错。但她那暴躁的脾气从来都没有影响过她的礼仪规范——在被确诊癌症之前，她从未对这种脾气与礼仪之间的矛盾有过一丝一毫的认知偏差。

最终母亲显然是得了痴呆症，因为她变得愈发神志不清，还极具攻击性。她常常坚持说我们在海滨别墅，可实际上她身处城里的公寓。我一开始会反驳她，往往先是带着哀怨喊一声"妈妈"，最后以一句"该死的"结束。眼前的这个母亲已不再是我熟悉的那个她，坦率地讲，那时的我也不再是平常的自己了。我们俩凑在一起，成了一对被压力折磨、举止无礼的组合。

每次我反驳母亲，她内心暴躁的一面就会彻底爆发，说出的话比以往任何时候都更加尖酸刻薄。有一天她坚持要去急诊室，还让护工拨打了911，而护工希拉非常坚定，一直坚守着照顾她。可母亲一到急诊室又只想逃离。她从医院打电话给我——而当时我远在几百英里之外的家中。在和值班护士交谈后，我告诉母亲她需要完成已经开始的检查。可她却大发雷霆："你是个糟糕的儿子，我为你付出了这么多，你怎么能这样对我？"

我感到心碎、迷茫、痛苦又愤怒。我努力想要体谅她，可随着时间一天天过去，母亲变得越来越让人难以忍受，她不断地触怒我。我对她也并非总是和颜悦色，这一点让我心里很不好受，直到现在依然如此。患上痴呆症这一点或许能解释她为何不再注重礼仪，但我又该如何为自己的失礼辩解呢？最重要的是，我深知自己一直试图留住我生命中熟悉的那个母亲的模样。眼睁睁地看着她一点点离我们远去，实在是太过痛苦。

我开始惧怕母亲的突然发作，她的行为既让我难堪，也伤害了其他人。我逐渐明白正是这种疾病改变了她，是疾病让她变得尖酸刻薄、举止无礼。然而即便心里清楚这一点，我还是常常难以做到耐心和包容。我开始留意到她无法同时处理多项事务，没办法坚持做完任何一件事，也丝毫不会去考虑自己的行为会带来怎样的后果。曾经她和大多数人一样，有着一层能阻止自己说出不当言语、做出不当行为的"过滤器"，或者说是内在的"调节器"，可如今，这个"过滤器"已经开始失效了。

在母亲生命的最后阶段，她的脾气变得温和起来，仿佛又变回了那个最好的她——更加善解人意，也更加和蔼可亲。她甚至变得比以前更能包容他人了。我和弟弟、妹妹常常开玩笑说："这还是我们认识的那个妈妈吗？"我们一直不太清楚她为什么会有这样的转变，但这确实让我们的日常生活轻松了许多。我唯一能捕捉到的线索是她越来越频繁地问起一个问题："人们会怎么记住我呢？"或许正是这个问题让她明白，承认错误是获得救赎与原谅的途径，而且并不会让她显得懦弱。当她最终为自己曾经的大发雷霆向希拉道歉时，虽然言语有些含混不清，但我能感觉到母亲因为觉得解决了问题而如释重负，同时也为能主动道歉而感到些许自豪。不过她始终没有向那个被她撞坏车的邻居道歉。

在研究痴呆症期间，我在老年护理网站和护工论坛上看到大量满是愤怒情绪的帖子，都在抱怨年迈的父母那糟糕透顶、令人咋舌的行为举止。确实，他们会张着嘴咀嚼食物，不用餐巾而用桌布擦手，甚至会直接用手抓本该用餐具吃的食物。由于自幼接受完美餐桌礼仪的教导，我能体会那种对失礼行为的恐惧。然而因为近距离见证了母亲患痴呆症后的种种状况，我也明白了我所说的"单向礼仪"以及心怀善意的必要性。我逐渐学会了当面对有记忆问题的人做出失礼甚至更过分的行为时，不再感到生气。毕竟他们身患疾病，无论表现出何种失礼行为，都理应得到一张"免罪金牌"。

这一切让我重新深刻认识到生活中那些看似微不足道的文明之举是何等重要——但同时也让我明白，文明需要双方共同维护。诚然，我希望在有生之年始终保持举止得体、心怀善意且尊重他人，可我的大脑或许不会一直允许我做到这一点。到了那时，我期望我爱的人不会以同样失礼的方式对待我——我盼着他们能践行"单向礼仪"，维护我的尊严。

我不会点
"早鸟特惠套餐"

没有什么比"每晚供应3道菜套餐,下午4点30分至6点限时享用,仅需18.99美元"这样的宣传更能让人联想到"老态"了。我决心坚持在天黑之后用餐,这也算是对"温水煮青蛙"寓言的一种呼应:我要记得在自己陷入晚上9点就上床睡觉、久坐不动,甚至单纯的自我封闭状态之前,及时从那口"热锅"里跳出来。

还记得电视剧《宋飞正传》（*Seinfeld*）里的那一集吗？杰瑞指责父母大下午就吃晚餐。要是你记不清这一集了，我来快速回顾一下：莫蒂和海伦退休后住在佛罗里达，他们发现了随处可见的"早鸟特惠套餐"，但杰瑞对此并不认同。

杰瑞："4点30分？谁会在4点30分就吃晚餐啊？"

海伦："我们得赶早鸟特惠时段呀！只有4点30分到6点之间才有优惠。"

莫蒂："没错。他们会提供一份菲力牛排、一份沙拉和一个烤土豆，只要4.95美元。你知道6点之后这得花多少钱吗？"

在我成长的岁月里，在我们那个以犹太人为主的社区，其他妈妈们都习惯自己下厨做饭，下午5点一家人就围坐在一起享用亲手烹制的牛腩和荞麦晚餐。可我们家的情况却大不相同。妈妈有个"烹饪化名"叫"摇摇即烤"，因为她——还有我们——都特别喜欢那种广受欢迎的面包屑式鸡肉裹料，更别提那首朗朗上口的广告歌了："何必油炸？摇摇即烤！"我们和朋友们听了总是笑得前仰后合，朋友们也都特别期待能收到波得罗一家的晚餐邀请。不过凡事都有代价：我们家的晚餐时间几乎是欧式风格，定在晚上7点。

几十年来家庭晚餐时间一直没变，只是妈妈的烹饪菜谱丰富了些，增添了不少新的拿手好菜，像意大利炖鸡、牛尾汤，还有搭配烤菠萝的火腿排等，种类颇为多样。然而父母年过七旬后，晚餐铃敲响的时间就越来越早了。我起初几乎没留意到这种变化——毕竟晚上7点和6点30分又能有多大差别呢？可后来晚餐时间又提前到了6点。由于我回家次数越来越少，有次假期回家，竟看到妈妈在下午4点30分左右就开始准备做炒鸡蛋当作"晚餐"。

"妈！"我大喊道，那语气带着杰瑞·宋飞式的愤慨。"你疯了吗？你为什么打算这么早就吃饭呀？"和往常一样，我听出自己的声音里满是指责的意味，我一点都不饿，毕竟3个小时前我才吃了午饭。我妈妈回答说："你爸爸就想这个时候吃。"

确实如此，但我开始留意到他们日常生活中其他方面的变化。父母睡眠质量越来越差，新一天开始得更早，父亲常常早上6点就起床。所以午餐时间提前也就不足为奇了。妈妈食欲下降，这反映出她活动减少，因为活动会增进食欲，而妈妈在活动量和食欲这两方面都大不如前了。爸爸害怕夜里起夜，所以他更愿意在太阳还没落山的时候就把饭吃完，把东西喝完。

在他们还在世的时候，我一直没完全弄明白父母的用餐习惯。他们离世后，我从网上读到的许多帖子中获得了一些慰藉。一位博主在一篇标题十分贴切的帖子"你有没有想过为什么爸爸在下午4点吃晚餐？"中写道："下午4点吃晚餐，只是让他的生活之船即将沉没的冰山一角。"他在一番调查后意识到，自己鳏居的父亲对大多数日常活动都失去了兴趣，几乎不锻炼，孤独且与外界隔绝，还饱受便秘的困扰，所服用药物之间的相互作用也影响了食欲，并且天黑后他不愿开车出门。这不就是我爸爸妈妈的真实写照吗？

随着我愈发留意观察，我渐渐更加明白，饮食习惯的改变常常是一种警示信号。

一位女儿在网上留言，话语中带着我也曾有过的那种不满："我实在受不了了。我82岁的妈妈不是下午3点，就是4点吃晚餐。她简直要把我逼疯了，根本没法带她出去吃。要是我订了最早5点的餐位，她3点半就会准备好急着出门。我一遍遍地跟她解释餐厅还没开始营业。可到了真正该出发的时候，她又不愿意去了。行吧！那我就自己去，好好享受一顿独处的晚餐，这可比跟她一起吃，听她抱怨各种事情愉快多了。她总是抱怨这抱怨那，早就不是什么新鲜事了。"

我不禁思考，这位女儿是否明白，让妈妈独自用餐会增加老人患上抑郁症的可能性，而抑郁症正是导致老年人营养不良的一个主要因素。又或者她是否清楚，曾经能让用餐变得愉悦的食物的视觉、嗅觉和味觉体验往往会随着年龄增长而逐渐衰退。

最后，在我看完这些帖子之前，一位千禧一代的评论让我瞬间愣住了：

"我的祖父母严格遵循着一套固定的生活规律。他们按时吃饭，任何与既定时间表的偏差都会让他们心烦意乱，继而变得十分暴躁。他们为什么非得这么死板呢？为什么就不能在正常时间吃饭，要是饿了就在两餐之间吃点零食？我抱怨的不是吃饭时间本身，而是他们毫无灵活性。真希望我老了以后可别像他们这样。"

我同样希望自己老了不会如此。但这个年轻人的批评让我想起"温水煮青蛙"的寓言，我的瑜伽老师时不时会讲起这个故事，以此提醒我们要"保持清醒"，别浑浑噩噩地过日子。故事是这样的：倘若你想煮一只青蛙，会怎么做呢？你当然可以直接把青蛙丢进一锅热水里，可要是水太烫，青蛙瞬间就会跳出来自救。不，你得在锅里装满凉水，把青蛙放进去，然后慢慢加热。随着水温逐渐升高，青蛙会放松下来，就像在洗热水澡一样。继续加热，青蛙会愈发放松，直至昏昏欲睡。等到水快要沸腾时，青蛙再想行动已经来不及了，它无法逃脱，最终只能在沸水中丧生。

关于这个寓言的解读众多。当关联到衰老这个话题时，我把它视作一种隐喻，警示我们要警惕缓慢变化带来的潜在危险，以及面对严重威胁时，我们往往只有在威胁突然降临的情况下才愿意做出反应，而对缓慢变化的威胁却常常忽视。

没错，我期望在用餐时间上保持灵活性，但更重要的是，我希望自己这只"老青蛙"能在水温刚开始上升时就有所察觉，在陷入困境之前——或者说在养成下午4点半就吃晚餐的习惯之前，赶紧跳出来。或许在一切还不算太晚的时候，有个心爱的人能拉我一把，让我摆脱这样的命运。

我不会把家里弄成桑拿房

为什么老年人总爱把恒温器调到85华氏度[⊖]呢？我可不会让客人身处桑拿房一样的环境。我宁愿多穿几层衣服保暖，也不会把大家热得难受。

⊖ 约 29.4 摄氏度。

不久前，我应邀前往一对80多岁的老夫妇家中赴晚宴，心里清楚到时候肯定会热得难受。虽说正值隆冬，室外寒气逼人，但我还是在羊毛衫里面穿了件短袖棉质衬衫。我一踏入他们家门立刻就把羊毛衫脱了，从其他客人的穿着便能看出他们之前也来这儿吃过饭。一位邻居裹着长款羽绒服前来，脱掉羽绒服后，里面竟是一件夏季太阳裙——这在这个季节穿显得格格不入，不过在与这对特别的朋友聚餐时反倒舒适得多。即便穿着单薄，她还是把我拉到一旁说："我在这儿都快喘不上气了。"我去洗手间时偷偷看了眼恒温器，果不其然显示85华氏度，强制通风的暖气设备正源源不断地将干燥热气灌进我们的喉咙和鼻孔。

"我们觉得好冷啊。"主人家坚持这么说，可其他人却热得直冒汗。

我对这种情况再熟悉不过了。在父母生命的最后10年里，哪怕是酷热难耐的三伏天，他们也会冷得发抖，那时空调制冷都没开。到了寒冷的冬天，他们更冷了，即便暖气已经开到"最高"档。我尝试过偷偷调低恒温器温度，给他们购置了一些新的保暖物品，包括极为舒适的绒里拖鞋和最先进的辛奇拉牌绒面上衣。我还装过可怜，有一天我在暖气通风口下睡了一晚，被烤得浑身干燥，早上醒来还流了鼻血，我借着这次经历好好抱怨了一番。

但这一切都无济于事，既没能让他们察觉到问题，也没能让他们感觉暖和些。

有两件事让我感到惊讶。其一，我的父母和那对请我吃晚餐的夫妇一样，压根没意识到自己身体的体温调节机制已经出了问题。其二，这种常见的抱怨不是因为老年人的固执己见。说实话，随着年龄增长，我们感觉更冷是有医学原因的。心脏病、糖尿病和甲状腺问题都会影响体温，各类药物也会产生影响，可能致使血液流动减缓，热量散失增多。即便没有这些疾病，还有一个不争的事实：很多人都会随着时间流逝逐渐失去调节体温的能力。随着年龄增长，人类对寒冷可能也会变得更加敏感，尤其是手脚部位。这两个简单的事实很容易就会把任何一位老年人的家变成一个简易烤箱。

我在网上搜索到不少类似故事。一位调侃自己"冷酷无情"女儿讲述道："在过去三年里，即便把暖气开到90华氏度[⊖]，我那100岁的母亲总说觉得冷。我给她一条床单和一条毯子，随后她就大汗淋漓，把所坐的椅子和沙发都浸湿了。"

一位朋友也给我讲了一件令人咋舌的事情："我阿姨以前

⊖ 约 32.2 摄氏度。

常把家里弄得酷热难耐。有一次在她家聚会，我压根认不出她准备的一道开胃菜是什么。它看起来像是周围摆着饼干的熟肉饼，结果发现竟是鞑靼牛排[⊖]，在她家的高温环境下都'熟'了！"

这种情况也曾出现在我父母身上。我走进他们那好似"桑拿房"的家，冲爸爸喊道："你难道不记得我们和奶奶也经历过这种事吗？""不记得。"这是他常给出的也是最终的答复。我不禁自问，等我老了、冷得骨头都疼的时候，还会记得与爸爸的这些对话吗？

目前我还记得。等我自己的体温调节机制失灵时，我不会让朋友们跟着受热遭罪。我打算穿上保暖内衣，多套几件上衣，甚至戴上滑雪帽，再多穿一双袜子，并且会不停地喝热茶（当然不喝含酒精的饮品）来给自己保暖。我还会把恒温器调低10华氏度[⊜]，同时尽量时刻提醒自己询问客人："您觉得这儿是不是太热了？"

⊖ 一种特色开胃菜，通常用生牛肉制作，因为它本来应该是生吃的，所以在此显得匪夷所思。

⊜ 5~6摄氏度。

我不会把同一个故事
重复讲上一百多遍

个人或者家族的故事蕴含着独特的力量，它
们是我们年复一年、十年又十年不断讲述的
内容。我向来乐于和愿意倾听的人分享我的
故事，不过更关键的是，我希望自己能明白
适可而止。

"要是我以前给你讲过这个故事，就打断我……"

为何那些以这样的开场白开启故事的人，即便屋内众人都点头示意已听过一遍、两遍、三遍甚至更多遍，却依然不会就此停下呢？

我本人从无须说这样的话，只需会心一笑，个中缘由自明，尤其是在准备讲述我那些精彩故事之一时。我深信分享生活中的故事意义非凡，这是我们展现自身，传递内心珍视之物的一种方式。我的许多朋友都深知，一旦我讲故事的兴致高涨，最好不要试图阻拦我。不过我也见过其他人想出了各种各样的办法——从委婉到直接，来打断那些反复讲述同一个故事的人。我的一位挚友与她亲密圈子里的人约定了一个无声的信号："倘若我们当中有人第二次讲同一个故事，听众就竖起两根手指。第三次讲，便竖起三根手指。要是第四次及以上，我们就比画出一个'×'的手势！"

我的朋友伊娃说，当她的祖母开始第一百次讲述同一个故事时，她会大喊一声"哗——"来让祖母停下。即便如此，她还告诉我："我依旧会尽可能认真倾听。而且有时从她的讲述方式中，我能发现一些新东西。了解她的过往实际上有助于我解开自己的一些困惑。"

的确，我们需要反复讲述自己的故事。这种现象极其自然，且有其目的。那些我们常常重复讲述的故事往往反映出重要的价值观、经验教训或内心情感，这也是我们将自身故事传承给后代的一种途径。

以我的父亲为例，他热衷于给孩子们——实际上是对任何人——讲述他乘坐一艘美国海岸警卫队巡逻艇穿越俄罗斯北部的冒险经历，故事中有冰山、北极熊以及一艘气势汹汹的苏联军舰。我还记得他首次给我三年级的班级讲述这个故事时还搭配了生动的幻灯片展示。故事里有来自苏联军队的"持续骚扰"，这次航行引发的"外交风波"，甚至还有"两国政府之间一系列未公开的外交信函内容，揭示了一场长期激烈争端的本质"。

我为何能对父亲50年前给我的班级讲的故事一字不差地引用呢？一方面他将这个故事写进了自己的第一本书《穿越俄罗斯北部》（*Across the Top of Russia*）中；另一方面，在他的一生中，我听他讲述这个故事少说也有50次了。

从诸多方面来看，这个故事恰似父亲的人生缩影。那次穿越俄罗斯北部的经历是他职业生涯中的一个重要里程碑，彰显了他作为探险家和"钢铁硬汉"的性格特质。到了晚年，这个故事又成为他对往昔岁月的辛酸缅怀。当然这些年故事的细节也有所变化。例如父亲曾在书中写道："每次发现熊，船上的广播系统都会通知全体船员。"可在后来的讲述中,那些北极熊离船员们临时搭建的冰上村庄越来越近,甚至到了父亲和同伴们险些沦为"熊口之食"的地步。

每当父亲开始讲述这个故事,我从不反驳,既不会翻白眼,也不会抱怨:"我都听了100遍了!"随着时间的推移,往昔对父亲而言愈发重要,他讲述这个故事的频率也越来越高。他清楚自己在重复,我清楚,大家也都清楚,但他的记忆力并无问题。

我逐渐学会了倾听,学会了耐心以待。每一次他讲述这个故事,从他的语气、他着重强调之处,我都能对他多一分了解。

我亦有属于自己的故事。在此便不过多详述,仅说这个故事关乎我最好的朋友、一堵汹涌的水墙、一座被冲垮的桥,以及一队被冲进大海的汽车,一篇网络新闻报道将其简称为"2000年10月29日发生在夏威夷毛伊岛哈纳镇的暴雨事件"。如今20多年过去了,这个故事体现着我对自身性格的认知,也是一段因一次英勇救援而得以维系的长久友谊的深刻记忆。如同父亲一样,每次我讲述这个故事,实则都是在传达:"你并未真正了解完整的我,这只是我的一部分。"

在我忘却之前,再讲最后一个故事。

一位挚友向我讲述了她探望祖母的经历，那时痴呆症已悄然夺走了这位老妇人那堪称传奇的爱尔兰故事讲述能力。"与她相处的1个小时，"我的朋友说道，"实际上更像是进行了12次、每次5分钟的短暂会面。但我每次都会认真倾听和回应，如同第一次听她讲述那般。她曾给我分享过许多精彩绝伦、值得铭记一生的家族故事，所以我无比感激每一次能陪在她身边听她讲故事的机会，哪怕那时那些故事已支离破碎，仅剩下只言片语。"

我暗自期许，即便有一天我的故事也变得简短零散，也会有人愿意坐下来聆听——并且希望我的故事依旧能表达出关于我是谁、我曾经是怎样的人的力量与深刻见解。

我不愿成为那种一讲起老故事就令满屋子人唉声叹气的老人，而是渴望成为家族传奇故事的传承者，让这些故事在下一代人的脑海和记忆中生根发芽，延续下去。我亦乐意畅想：只要我始终保持积极活跃，热忱参与生活，就总能有源自上周、上个月的新鲜故事可讲，而无须依赖20世纪的故事来维系日常交流。

我不会对患有痴呆症的人不友好

先是我的母亲，而后是我的狗，教会了我如何对那些大脑功能先于身体机能衰退的人抱有更多的同情心。我会毫不犹豫地用幽默来应对这种情况。

当我从街上走近家门，哀伤的叫声隐隐飘来。不用猜肯定是我的佐伊在"唱蓝调"呢。一进屋，我便在厨房里瞧见了我那只16岁的杰克罗素狸犬，正茫然地盯着墙壁，嘴里不停地发出哀怨叫声。

过去一年里，它做出了各种怪异行为：在屋里迷失方向，卡在角落里出不来，在地毯上随意撒尿，还发出那揪心的悲伤嚎叫。这一切实在让人心碎。兽医一直跟我说，没有明确检测手段无法做出正式诊断。但她也认同我心里的猜测：佐伊患上了痴呆症。

"嘿，佐伊，我在这儿呢！"那天一进屋我就冲它喊道。它毫无反应，那时它基本快聋了。按照如今我早已熟稔的流程，我跪下来好让它能看见我，接着伸手轻轻揉它的耳朵。它可喜欢这样了，还把身子往我手上蹭，算是对我表达"感谢"。

我对佐伊的很多症状和行为再熟悉不过了，因为母亲在生命的最后几年里也逐渐患上痴呆症，我在她身上见过同样的情况。

我第一次察觉到母亲不太对劲，是在她被确诊痴呆症的几年前。那是个阳光灿烂的夏日，母亲在厨房接起电话。我听到电话那头朋友霍莉问："我能和史蒂文说说话吗？"当时我就站在母亲身旁，作为她疼爱的长子，我回家看望她。电话响起前我们还在闲聊当晚晚餐，我主动提出去点烧烤架，准备烤些鸡肉、玉米和夏日里香甜的西红柿。

"他不在这儿。"母亲冷冷地回答霍莉。

我立刻从她手里抢过电话，欢快地应了声："喂！"

霍莉问："你妈妈没事吧？"

其实我心里也没底，但还是撒谎为母亲掩饰："没事，孙辈们在这儿闹得欢呢。"我接着说，"我觉得她没听清你说话。"

可事实上，那天下午根本没有孙辈来探望我们。

挂断和霍莉的电话，我有些恼火地问母亲："你怎么回事？我就在这儿啊！"她茫然地看着我，似乎听不懂我的话，也没回应。现在想来当时她除了满心困惑，肯定还羞愧难当——她的思维已开始混乱。对她而言，那种感觉一定很可怕，而且以那样的方式在我面前暴露状况也让她无比难堪。更糟糕的是，起初我根本没理解她正处于这样苦恼又悲伤的处境。

第二年，母亲忘了我的生日，要知道在她心里我的生日一直像"重大国家节日"般重要。

我眼睁睁看着她一点点从我的生活里"消失"。

母亲离世后，我的㹴犬佐伊患上了痴呆症。在我留意到它出现明显症状后的最初9个月，我一直极力瞒着它的病情，就像母亲当初一样，佐伊状态时好时坏，我感觉自己好像在和它一起努力维持着表面的正常。

直到一个初秋的日子，我的宝贝佐伊独自走出前院，沿着我们每天都会一起走的街道前行。走到停车标志处时，它显然迷糊了。它孤零零地坐在人行道上，神情凄凉，随后便嚎叫起来。邻居听到赶忙通知了我，我一路跑到街上把它抱回了家。

佐伊刚回到我怀里，邻居就直截了当地问："它患痴呆症多久了？""痴呆症"这个词如同一记重锤，在我耳边格外刺耳。佐伊的秘密，也是我们共同守护的秘密，就这样被戳破了。

从那以后我对佐伊格外留意，再也不让它独自在院子里活动，在公园里也始终用牵引绳牵着它不让它乱跑。为了让佐伊情绪平静下来，兽医给它开了百忧解药，这药在当年母亲对世界感到迷茫、内心焦虑不安时也吃过。

就像和母亲相处时有轻松时刻一样，我和佐伊在一起也不乏温馨瞬间。母亲在世的最后一个生日，她的三个孩子和一个孙女带她去吃中餐。我们尽情享用了春卷、蛋花汤、虾饺、排骨、糖醋里脊、叉烧炒面和捞面，所有食物都蘸了不少甜面酱。吃着这些熟悉的食物，过去的回忆不由自主地涌上心头，毕竟外带中餐一直是我们家餐桌上的常客。午餐时我们和母亲一起欢笑，回忆着童年那些"摇摇即烤"的欢乐时光，而这顿午餐后来竟成了我们和她共进的最后一餐。

直到生命尽头，佐伊每天早上解决完大小便回家后，都要玩它最爱的游戏"杀死松鼠"——咬住那只吱吱叫的松鼠玩具的脖子摇晃，再高高抛向空中，等玩具落地便猛地扑上去。如今佐伊已经离去，大批松鼠却出现在前门廊上蹦蹦跳跳，像是在故意嘲笑它，又像是一种特殊的"纪念"。

母亲去世前一周给我留下最后一条语音信息，在信息里她又一次斥责我在她的答录机上留了错误的电话号码，可实际上我根本没留过号码。听到这些话，一阵熟悉的愤怒涌上心头，但那时我明白我真正难过的是即将失去她——不只是她逐渐混乱的思维和精神，很快她的一切都将永远离我而去。即便现在母亲已离世好几年，我也60多岁了，我还会跟弟弟、妹妹开玩笑说："我想妈妈了！"他们听了会哈哈大笑，但我知道这笑声背后掩盖着我们共同的痛苦。他们懂我的感受。

母亲患病的经历改变了我，教会我更加耐心和富有同情心。在陪伴佐伊走到生命尽头的日子里，我展示了这些品质。我能体会它的困惑，每当它犯糊涂，我都会尽最大努力安慰它，帮它找回方向。我知道它大小便失禁并非故意，所以在屋里关键位置都铺上了尿垫。我还专门备着一瓶64盎司⊖的"专

⊖ 近2升。

业强效除尿味剂",以备它弄脏地方时我能及时清理。但自从照顾佐伊后,我再也没睡过安稳觉,整个人疲惫又烦躁。有时情绪难免失控,可我从来没对佐伊发过火。这都是我学到的宝贵教训。

我不会容忍任何人
不尊重我

谈及变老，我想对我父亲来说，没有什么比
失去年轻时所拥有的职业地位更令他痛心的
了。多亏从他的经历中汲取了教训，我不会
让同样的事情发生在我身上。我会让别人清
楚我是谁，并期望得到与之相称的对待。

我敢肯定父亲最喜欢的两个英文单词就是"Professor Petrow"（彼得罗教授）。他不仅钟情于这个头衔，而且也是实至名归——毕竟他在纽约大学当了30多年的教授，还是一位获奖作家、艾美奖获奖纪录片制作人，并且自评是个"新闻人"。但在他心中最重要的是，他将自己定义为一名教师。在他漫长的纽约大学任教生涯中，我记得每当有学生喊他彼得罗教授时，他总是容光焕发。

因为患上了一种无法确诊且无法治愈的神经系统疾病，父亲70多岁时从纽约大学退休了。用他自己的话来说，这种病最初影响了他的"表达能力"。在他辞去教职前的10年里，他至少拜访过6位顶尖的神经科医生，其中包括著有《错把妻子当帽子的人》（*The Man Who Mistook His Wife for a Hat*）的奥利弗·萨克斯。萨克斯在给父亲的一封信中向他保证："在很多年以后，你会因为另一种疾病而离世。"父亲一直珍藏着这封信，并传给了我们。

父亲的病最终并未危及生命，但它带来的副作用几乎比疾病本身更糟糕。你看，他在75岁退休后，就再也没人叫他"教授"了。他职业身份的消逝恰好与他身体开始衰弱的时间同步。

到了80岁，那种不知名的疾病慢慢侵蚀着父亲手臂和腿部的肌肉。他的下半身会毫无预兆地突然发软，然后整个人就像在暴风雨中轰然倒下的巨大橡树一般重重摔倒。由于上半身肌肉萎缩，他的手臂几乎无法在摔倒时起到任何保护作用。妈妈、弟弟、妹妹和我都清楚一个常识：摔倒容易引发骨折，而骨折很可能致命。这一点我们是有切身体会的，因为父亲的父亲，也就是我的祖父就是在1976年因摔倒去世的。那天晚上，祖父或许是受药物影响神志不清，试图从医院病床上爬起来，不知怎的，他翻越了病床护栏，结果摔落在地，髋骨骨折。两周后，祖父去世了。

全家人都为父亲日益衰弱的身体忧心忡忡，却又不知所措。

一天早上，父亲给我们所有人发了一封电子邮件，标题全部用大写字母写着"求助"，正文写道："大家好……需要长期帮助。"

父亲以往从不轻易求助，所以我们收到邮件后立刻行动起来。我获得了他在线财务账户的访问权限，开始帮他支付账单；我的弟弟负责处理家里的维修事务。我们的"宝贝"妹妹是一名律师，便成了"负责其他所有杂事的执行副总裁"。

我们为父亲做了更多事，也更频繁地去看望他，却始终无法阻止他摔倒。即便雇了家庭护工，他依然会摔倒。有时候哪怕我就在他身边，还是会听到他在房子另一处摔倒的声响，尽管我们反复恳求他在从椅子上起身或是下床前先呼喊求助。很多次父亲都很幸运，这么多年来尽管身上有擦伤，还遭遇过脑震荡，但从未骨折。每当我看到他身上的瘀伤，尽量温柔地问："爸爸，发生什么事了？"他总是生气地回答："没什么。"

那时我不明白他为什么会生气，现在我有了更深的理解。他对很多事情都失去了掌控：他的财务状况、家里的维修事务，还有他妻子的健康。而我们这些做子女的还不停地追问他："爸爸，发生什么事了？"

最终，医生建议他使用助行器，可他根本不听。很快，父亲一天就要摔倒三四次。在他去世前那个冬天的一个深夜，父亲在去卫生间的路上重重地摔了一跤，当时他没穿衣服。他的愤怒一下子爆发，尴尬的处境和每况愈下的身体状况更是加剧了他的愤怒，他像发狂的动物一样挥舞着四肢，妈妈没法让他平静下来，护工也不敢靠近。妈妈给远在500英里[⊖]之外的我打电话，我拨打了911。10分钟后，我在电话里听到了警笛声，医护人员冲进去时，我还在通话中听着。谢天谢地，急救人员把他扶起来，给他穿上浴袍，然后扶他回到了床上。这次没有骨折，又一场危机算是避免了，或者至少是推迟到了另一天。

我们愈发担忧父亲的状况。弟弟担心父亲洗澡时会摔倒，

⊖ 约804.67千米。

费了不少口舌，终于说服父亲在浴室里安装了一个扶手。可没想到第二天父亲就把修理工喊了回来，下令道："把它拆掉！"无奈之下，我们又采取了下一步措施，在浴室里放置了一个小长凳。然而父亲却越来越厌恶洗澡。

我很清楚，对父亲而言保持独立至关重要。通过多年观察他和母亲的相处，我知道父亲不太听别人的指挥。我试着跟他摆事实讲道理，也试着哄他。可他一次又一次地敷衍我，而这其实是他新策略的一部分——撒谎。他对自己有没有摔倒撒谎，对自己是否疼痛也撒谎。母亲自己的身体状况也很差，她知道事情的真相却不忍心拆穿。

无计可施之下，我给父亲的心理治疗师发了电子邮件寻求建议。他回复说像父亲这样独立又外向的人，面对身体逐渐衰弱、不得不依赖他人且生活范围受限的情况，内心会面临极大的挑战。他建议我可以认可并允许父亲继续安全地做他力所能及的事情，同时在必要时以尊重和体贴的方式适当抑制他的热情。还可以问一些能让他参与决策的问题，比如："爸爸，您觉得怎么做这件事才最安全？"这位心理治疗师也坦言把握好语言平衡会很难。

在父亲生命中最后一个完整的春天，我们又雇了一名护工，因为那时父母二人都需要大量的照料。每天早上，我都会留意到护工希尔德问候父亲的方式："彼得罗教授，您今天过得怎么样？"她不可能没看到父亲脸上洋溢的喜悦，我们其他人也确实看在眼里。很快希尔德几乎每句话都会带上父亲曾经的尊称："教授，您早餐想吃点什么？""教授，您打算什么时候去散散步？"甚至当她告知父亲该做什么时，比如"教授，您该吃药了"，父亲都会照做。

我已经很久没有见到父亲如此开心、如此被认同了。我汲取到教训：要把他当作一个成年人来对待，尊重他，理解他对自身身份的认同。

父亲去世后，我们精心挑选了墓碑，确保它能恰如其分地纪念父亲的一生。墓碑上刻着：

理查德·彼得罗（RICHARD PETROW）1929—2017
教授及记者

我们之所以选择"教授及记者"这两个词，是因为我们深知这两个词不仅概括了他的职业，更体现了他真正的自我认同。这便是我从这段经历中学到的：我不会让别人轻易抹去我的身份，我会要求得到尊重——而且我会尽可能以礼貌的方式表达这种诉求。

我不会失去平衡

过了50岁的我们谈及平衡往往有两个角度：一个是字面意义上的，比如"我绝不能失去平衡摔倒"；另一个是作为隐喻，像"我要过一种平衡的生活"。这两方面的平衡，我都不愿放弃。

我对平衡生活的追求始于20世纪80年代末。那时我读了罗伯特·富尔格姆（Robert Fulghum）的畅销书《我真正需要知道的一切，都在幼儿园里学到了》（*All I Really Need to Know I Learned in Kindergarten*），他在书中劝诫："过平衡的生活——学习知识、思考问题、画画、涂色、唱歌、跳舞、玩耍，并且每天都工作一会儿。"

"我喜欢这个观点。"30多岁的我心里这样想着。在那之后的许多年，我都一直认同。

10年后，我又接触到一种本质相同的观点："过平衡的生活既轻松又有意义，因为这样的生活将充满喜悦、幸福和宁静。"那时我正处于中年早期，满心怀疑，不禁嘀咕："我不太确定这事儿实际做起来能有多轻松。"

快60岁的时候，我的态度似乎彻底转变了。当时我在上瑜伽课，低头看到一块绿色瑜伽砖，上面印着："生活，平衡，成长。"

"简直是胡扯！"我忍不住骂出声，声音大到旁边的人都不满地看向我。作为惩罚，我瞬间失去平衡，从原本的姿势摔了下来。

课后我和瑜伽老师聊起自己对"平衡"这种说法的失望。让我惊讶的是，她坦言："我觉得平衡是一种谬论，社会观念普遍认为能够实现平衡，但实际上这个目标根本实现不了。"

真的是这样吗？我决定向更权威的人请教这个问题。我找到了苏珊·皮弗（Susan Piver），她是一位佛教导师，也是《一颗破碎的心的智慧》（*The Wisdom of a Broken Heart*）的作者，长久以来一直是我的人生导师。"真的有可能达到平衡状态吗？"我向她发问。她回答道："我觉得不可能，因为一旦达到那种状态，你就得静止不动地维持着。你试试，现在就定住不动。"就连著名生物学家约翰·克里彻（John Kricher）也持反对观点。他写道："自然界根本不存在平衡——现在不存在，在地球漫长的历史上的任何时期都不存在。这种观念是基于信仰而非数据，没有任何科学依据。"

导师们的观点让我困惑不已。然而尽管满心疑虑，我仍继续追寻平衡：更深入地练习瑜伽，多去度假放松，保持"均衡"饮食。我甚至报名参加了一个"数字排毒"静修活动，其口号是"断开连接，重新连接"，还承诺这能"让生活更专注、更有意义、更平衡"。但平衡依旧像是一种遥不可及的状态，一个虚幻的目标。实际上我越渴望得到它，它就离我越远。

到了60岁，我从曾经的信奉者变成了怀疑者。那句关于平衡生活的格言不仅显得不切实际、难以实现，更糟糕的是，

"平衡的"生活如今听起来既单调又乏味。有一位颇具禅意的作家曾问道：谁不想要一种每一秒都能享受、无须任何理由就能快乐的生活呢？

我举手表明：我不想要。

回顾往昔岁月，我意识到自己本应更敏锐地察觉那些细微迹象，它们早已预示着我日后会陷入怀疑。毕竟我从前也曾积累过一些经验教训。

教训一：在千禧年前夕，我在当地的一家古董店寻觅一对床头柜台灯。店主拉塞尔给我展示了六七套台灯，可要么尺寸太大，要么造型太俗气，要么价格太贵。其中一对我真心喜欢的台灯却有个明显的瑕疵：它们并不完全一样，其中一盏比另一盏要高一些（尽管它们的灯罩上都印有相同的羊皮纸底蝴蝶纹样）。"别人看到这对台灯会怎么想呢？"我问拉塞尔，心里有些担忧别人会觉得我没留意到它们的高度差异，又或者更糟糕的是，别人会认为我失去了应有的敏锐度。

他微笑着问我："你觉得能有多少人会特意去看你的床头柜台灯呢？"接着他又进一步引导我，说道："不对称又有什么关系呢？它们各自的独特之处别具美感，而作为一对台灯，差异恰恰是完美之处。"但当时我并未被说服，便离开了。

一周后，我又回到了那家店买下了这对如同"异卵双胞胎"般的台灯。第一个晚上躺在床上时，我并没有纠结于它们的不同之处；事实上换个角度看，那些差异完全被我抛诸脑后了。在我关掉两盏台灯前，我满心欢喜地看着蝴蝶图案在橙色灯光下仿佛舞动起来。换句话说，这对并不匹配的台灯让我明白了，平衡并非在于对称，而是关乎看待事物的视角，关乎我们如何去认知事物。

教训二：最近我身处旧金山的一座高层写字楼内，一场强烈地震突然来袭，整栋大楼都摇晃起来。我在30层眼见城市景观似乎也在晃动——先是向左，接着向右，随后又晃了回来。可实际上旧金山的街道并未移动，晃动的是这栋大楼。它特意采用了所谓的"滚轴轴承"设计以减轻横向地震位移，使大楼能够顺应并吸收地震的力量从而避免倒塌。正如一位加州理工学院的科学家向我解释的那样："它得有一定的缓冲空间。"但也不能过度。

我显然安然无恙，地震一停我就从桌子下面爬了出来。这里就不细讲那些工程术语了，那次地震让我明白平衡并非关乎稳定或僵硬，而是具备顺应变化和灵活移动的能力。

这便引出了我最近上的一节瑜伽课。在我那次喊出"胡扯"的顿悟之后不久，我正在做树式瑜伽动作。这个动作要求单腿站立（这条腿就是你的"树干"），双臂举过头顶（双臂就是"树枝"）以保持平衡。我的思绪开始飘散，注意力不集中，身体也开始从这个姿势摇晃，眼看就要倒下。我脚下的竹地板并未晃动，晃动的是我自己。我的第一反应是稳住姿势，这意味着要僵硬地锁住关节，绷紧肌肉以防摔倒。或者就如苏珊·皮弗所描述的那样，我定住不动。

那一刻我回想起地震中的所见所感。我没有让身体僵住，而是放松肌肉让身体去适应这种失衡状态，令人惊讶的是这反而让我稳稳地继续站着。苏珊后来详细阐释了我当时的内在状态："平衡并非仅仅是摆出或维持某种姿势，而是要随着影响姿势的动作，顺势而动。你能越快做出反应并进行调整，那便是平衡。平衡源于迅速地适应。"

太对了！

这让如今的我有了怎样的感悟呢？60岁的我不再盲目接受那些如今被视为陈词滥调的观念，我已经明白那些观念就如同不均衡的饮食一样不可取。无论是在瑜伽课上身体失去平衡，还是在生活中某些方面有所缺失，我现在更清晰地认识到人们所渴望的平衡状态无关静止或对称，关键的是灵活性与变化。任何挑战我平衡的事物或者任何试图让我失衡的人实际上都在提升我的平衡能力——因为我每天都在学习如何变得更加灵活、敏捷和专注。

毕竟，我的平衡可不只是一个隐喻——我得时刻小心，千万别真的摔倒了。

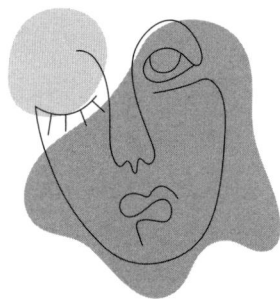

Part Three

第三部分

在生命尽头我不会做的事

让老年如此悲哀的

不是我们的欢乐不再，

而是希望不再。

——让·保罗（Jean Paul）

———————

我不会在无人握住
我的手时离世

人对年老和单身的恐惧根源并非仅在于没人陪自己去看医生，其本质是孤独与寂寞。我承诺会向那些有需要的人伸出援手，比如帮忙做顿饭，或者开车送他们去看病，期望借此让善意传递下去。

新冠疫情把我内心最大的两个恐惧推到了眼前：生病与孤独。最近，一位快60岁和我一样单身的邻居多日没消息后，被发现在家中去世了。尽管他有不少亲密朋友，但中风夺走他生命的那一刻却是孤身一人。在众多悼词中，朋友们提到，他们从未去过他家，还感慨这些年来他一直那么孤僻。我在日记中写道：我希望在离开人世时，能有人握住我的手。

几年前临近60岁时，我对变老的所有恐惧最终都聚焦在一个问题上："等我需要做结肠镜检查时，谁会陪我去呢？"实际上，我真正渴望的是身边能有个可以依靠的人。

这可不只是后勤安排的问题。10年前，为了给我庆祝50岁生日，伴侣开车送我并全程陪伴我做了第一次结肠镜检查。可现在当我安排10年一次的复查时，情况大不一样了，因为我们正在办理离婚手续。

我们分居的时间点糟糕透顶。1月份母亲去世，紧接着4月份父亲也走了。在双亲离世期间，我离婚了。父母一直是我的精神支柱，从很多方面来说，我感觉自己就像朋友们如今形容的那样成了"孤儿"。再度恢复单身，住进新家，父母又不在了，我觉得自己无依无靠、漂泊不定，内心无比孤独。

婴儿潮一代寿命延长，随之而来的是一个令人忧虑的现实：越来越多的人在没有配偶或伴侣的情况下生活。美国人口普查局的数据显示，美国单身老年人数量将近2000万。我们这代人或许比历史上任何一代人都活得更久，然而37%的老年女性和19%的老年男性会独自生活。年龄越大，情况越严峻：一项联邦调查显示，75岁以上的老年女性中，近一半都是独居。

又或者正如英国历史学家A.J.P.泰勒（A.J.P.Taylor）曾写的那样："老年最大的问题，是担心它可能会持续太久。"

步入老年后，一些人因各种疾病失去了最亲密的家人和朋友，一些人从未结过婚，另一些人则经历了丧偶或离婚。

人们对未来孤独的担忧普遍存在。我跟往常一样在脸书网上询问那些单身或从未有过伴侣的朋友，随着年龄增长他们有哪些担忧。回复数量之多以及大家对恐惧的共通性让我大为震惊。一位离异的朋友坦言担心"不得不离开自己的家，住进提供生活照料服务的养老机构"，不过更多担忧集中在日常生活方面。一位60多岁的朋友发帖称担心"购物、做饭、做家务、去医院的交通安排、财务管理以及资金是否够用"。一位住在美国西海岸的丧偶教师朋友补充道："真正能让你感受到自己是被悉心照料还是处于孤独状态的是那些看似不起眼的日常小事，比如一杯茶、一次交谈。"许多人的留言都和这位女士的评论类似："我非常害怕不得不依赖他人。"

最后还有最为根本的恐惧："孤独地活着，然后孤独地死去。"

但等等，这并非注定的结局。我们不必任由孤独像雾气一样悄然弥漫，将自己吞没。我们能够维护好现有的人际关系，搭建新的人际网络，从而避免被孤独笼罩。我和其他朋友一样已经开始在多个方面主动行动起来，定期帮助他人，比如烤制松饼和馅饼分享，为他们创建"关怀之桥"网页，帮忙遛狗。这并非真正意义上的等价交换——不过要是最终能达到这样的效果，那也不错。

我渐渐明白，被他人需要并且能够挺身而出给予帮助是一种真切美好的体验。研究人员指出每当我们向他人伸出援手，都会收获一种被称作"助人者的愉悦感"的回馈，也就是当你做了好事时心底自然而然产生的那种温暖又喜悦的感觉。最近我读到斯坦福大学的一项关于"善意传染"现象的有趣研究，它指的是人们不但会效仿他人的善举，还会传承善举背后的精神。研究结论表明："善意本身具有传染性，能够在人与人之间传播，而且在传播过程中会衍生出新的形式。"加我一个吧！

单身朋友还分享了其他对抗孤独恐惧的方法。有人发帖说："在众多朋友中分辨出挚友，并且像他们对待你那样真心实意地对待他们。"另一个人提出："搬到有朋友和家人的地方居住。"许多人都提到了自我关怀的重要性，其中包含了各种各样的建议：不要过量饮酒，规律作息，定期锻炼身体，尝试冥想，创立新的节日习惯。

但是当每天都是独自醒来时，要将上述想法付诸实践需要付出努力。我向心理治疗师倾诉了这种恐惧，还说："我感觉自己好像是这个星球上唯一一个有这种感受的人——尽管我心里清楚不是这样。"他向我保证有这种感觉的不止我一个，接着问道："你和朋友们聊过这个问题吗？"

多亏了他的督促，我开始对朋友们敞开心扉。我相识30多年的老友伊娃在几年前的假期前夕失去了丈夫。她告诉我："在这个格外艰难的假期，我在努力创造新回忆，建立新习惯。"我父母的老邻居吉尔向我倾诉她的痛苦："我哥哥两天前去世了，我不知所措。"的确，我绝非孤身一人，即便深陷悲痛，伊娃和吉尔同样不是。

作为新计划的一部分，我开始定期给单身朋友们发短信、打电话，一周两三次。一位邻居对我说："你主动联系，可能会让他们意识到自己孤身一人，但你本意不是要让朋友们难受。相反，你在表示你心里想着他们，这是一份美好的心意。"有时我随机联系朋友——我怎么知道谁最需要一个电话呢？——但有时我会特意选择对象。最近我给一位长期患有抑郁症的朋友发了条简短的"只是想问候一下你"的短信。他回复道："谢谢你，朋友。总体在好转，但今天心情有点低落，所以能感受到你的关心真好。"两个月后他也给我打来了电话，这种感觉真好。

没错，生活中难免会遭遇低谷，甚至是坠入深渊。几年前临近假期时，一位朋友在脸书上发的帖子吸引了我的目光。帖子里是一对笑容灿烂的母女，朋友配文写道："思念我生命中最敬爱、最具影响力的两位女性，姐姐和母亲。这是她们离世后的第一个圣诞节。我努力在这个节日里找寻快乐，但要说我没有挣扎，那是骗人的……我知道自己能挺过去，但这比我想象的艰难得多。"

我对此感同身受。就在不久前我打开装圣诞装饰品的盒子，看到了母亲很久以前送给我的巧克力纸杯蛋糕形状的装饰品，还有两个糖果手杖模样的小饰品。失去母亲的痛苦刹那间如潮水般再次向我袭来。

这时，我想起了从小说家芭芭拉·金索沃（Barbara Kingsolver）那里学到的重拾快乐的方法。"在那些糟糕透顶的日子里，"她曾写道，"我从绝望带来的灰暗世界中走出来靠的是强迫自己长时间、专注地凝视一件美好的事物：我卧室窗外那朵鲜红的天竺葵。接着是另一件：穿着黄色连衣裙的女儿。然后还有……就这样直到我重新学会热爱自己的生活。"

于是，挂好装饰品后，我坐下来看着圣诞树，心里思索着金索沃的那份执着。望着母亲送我的纸杯蛋糕和糖果手杖装饰品，我回想起她看我打开这些礼物时那喜悦的神情。这些装饰品闪闪发光、完好无损——事实证明，它们承载着满满的回忆与快乐。我专注于这些美好的感受而非沉浸在失去母亲的痛苦之中，顿时感觉没那么孤单了。

说到我的结肠镜检查，一切都很顺利。我甚至婉拒了第一个主动提出陪我的人，因为我觉得我俩的关系还没亲近到让他听我在麻醉后胡言乱语，或是等我检查后肠道通气、达到出院条件的程度。我的隔壁邻居兼好友黛比主动帮忙陪我去了诊所，还一直等我身体恢复。多亏了那些药物，我对那天的事几乎毫无记忆——但我清楚当时我并非孤身一人。

我不会让任何事
阻碍我说出
"我爱你……再见"

我会毫无顾忌地向那些我在意的人袒露心声，而当分别时刻来临，我也不会因对死亡的不安就闭口不言。

新冠疫情最严峻之时，我收到一位高中同学发来的短信：
"想跟你说一声，我母亲新冠检测呈阳性，住在纽约的医院。情
况不太好，不过对于一位87岁的老人来说，这倒也不算意外。"
言外之意是她已时日无多。

我询问能否给她母亲打个电话，毕竟她和我母亲做了一辈
子挚友。朋友回复："她身体非常虚弱，但我肯定和你聊天会让
她感到安慰。"一分钟后我拨通了电话。在长达90秒的通话里，
她咳嗽不止，肺部和呼吸道被黏液堵塞，我静静地听着，然后
开口与她交谈。通话结束，我给朋友回短信："我和你妈妈聊得
很愉快，我们相互道别了。我为你和你的兄弟姐妹们感到难过，
但就像我妈妈一样，她的灵魂不会消失，会永远陪伴着我们。"

"我爱你……再见。"很多人都不愿意进行这样的对话。这
是一种对死亡的集体性回避，尤其是在婴儿潮一代中，他们
仍觉得自己仿佛不会走向死亡，依旧像没有明天似的拼命忙
碌、尽情享乐。他们——其实，是我们——最不愿意承认的
是，终有一天真的不会再有明天。（你看，这对我来说依旧难以
接受。）

散文家兼社会评论家克里斯托弗·希钦斯（Christopher
Hitchens）并不回避这类"对话"。《死亡》（*Mortality*）是他
去世后出版的一本关于死亡的散文集，书中对这些对话有着生

动的描述。在他患病的短暂而痛苦的日子里，希钦斯意识到人们在谈论疾病与死亡时需要一些指引。在经历了一次与陌生人"令人意外地疲惫不堪的见面"后——那个陌生人说了各种不得体的话来祝福他，希钦斯写道："这让我不禁想到，或许可以出一本关于癌症社交礼仪的简易手册，供"患者"和"关心者"参考。"

想想看，对我们大多数人来说，写一封"简单的"吊唁信都困难重重。我们结结巴巴、犹豫不决，好不容易写出来，却又把内容撕得粉碎，重新再写。但要是在现实中，用语言和真心去面对垂死之人……天呐，难以想象。我清楚地记得母亲第一次承认自己大限将至时的情景。她问我："（死亡）会很痛苦吗？"我无法继续这样的对话，便转移到一个安全话题上："你今晚想吃点什么？"

与我长期合作的罗丝安·亨利告诉我："我这辈子没什么大的遗憾，但一个很遗憾的事，就是没能跟一位因癌症生命垂危的朋友道别。她已经停止了所有治疗，显然生命即将走到尽头，于是我和妻子飞到洛杉矶去做最后一次探望。我们花了一下午时间回忆往昔、聊聊时事，还谈到我们即将收养的第二个孩子。但到了要离开的时候，我实在无法直面房间里那个大家都心知肚明却刻意回避的事实——朋友即将离世。我只能说：

'想想看，下次我们再来的时候就会带着另一个宝宝啦'，我们都知道彼此不会再见面了。事实上我们再次去洛杉矶是要参加她的追悼会。我将永远为没说出'我爱你，再见'而感到遗憾。"

后来我告诉罗丝安："有时候我们无须言语就能传达心意，没人会误解陪伴所蕴含的意义。你跨越2500英里[⊖]去见她最后一面，其实已经在行动中向她告别了。"

在母亲漫长的患病期间，我一直关注着美国国家公共电台的斯科特·西蒙（Scott Simon）。他在推特上向250万粉丝分享了他和母亲的临终对话，我也是其中之一。后来他将这段经历写成了畅销回忆录《难以忘怀：一个儿子、一位母亲以及一生的教训》（*Unforgettable: A Son, a Mother, and the Lessons of a Lifetime*）。这本书既是一个关于爱的故事，也是一本在数字时代的告别指南。西蒙始终守在母亲床边，有时甚至和母亲一起躺在病床上，安慰她，与她坦诚交流，直至最后一刻。在一次电话交谈中，西蒙告诉我："绅士总会送女士到门口。"在他看来，这是指送母亲走到人生的最后一程。他说这是母亲教给他的道理之一。

㊀ 约4023千米。

"我知道有些人觉得自己做不到,"他补充道,"但当你身临其境,这一切会自然而然地发生。母亲曾问我:'这种痛苦会一直持续下去吗?'我回答:'不会,不会一直这样。'她又问:'你和我,我们会永远在一起吗?'我只说了一个字:'会。'"

但该如何判断何时开启这类对话呢?尤其是当我们还紧紧抓着最后一丝希望的时候。要是所爱的人身患重病已久,过早谈及这个话题,即便算不上极其残忍,也会让人觉得尴尬。可要是太晚,那无疑是个更大的问题。尽管当时我不愿承认,但母亲问我"死亡会很痛苦吗"时,其实已经向我打开了那扇门。好在她生命的最后几周,我终于走进那扇敞开的门陪在她身边。

跨过那道门槛,即便满心痛苦,却也是一份珍贵的礼物。就在我写这篇文章的几天前,我登录了朋友巴里·欧文(Barry Owen)的"关怀之桥"网站。12个月前,他被确诊患有四期胰腺癌,如今已停止治疗,生命垂危。他的众多挚友纷纷在网上公开表达对他的爱以及即将失去他的悲痛。其中一人发帖说:"我见过有人骤然离世,也见过有人慢慢走向生命尽头。我认为,若能在知晓自己大限将至且意识清醒的时候有时间好好珍视所爱之人,说出该说的话,让内心、思绪和灵魂为这段人生过渡做好准备,那实在是一份美妙的礼物。很多人都没有这样特别的时光。我很欣慰巴里能和他的伴侣丹共度这最后的阶段，我会将你们二人深深铭记于心。"我们其他几十人纷纷点击"赞"的图标，表示认同："我同意！"

在给巴里的最后一封电子邮件里，我写道："先写到这儿吧。我想你应该还记得我的房东丹妮丝，后来我们成了朋友。她快90岁的时候，我们每次交谈结束都会互道'我爱你'，并一直这样坚持到她98岁。在她去世前两周，我们在电话里也是以这句话收尾。我爱你，巴里。真希望往后8年还能这样给你写信。"3个月后，巴里离开了人世。

其实说起丹妮丝，我得承认在这件事上我有点操之过急，几乎提前了整整10年。2007年时丹妮丝90岁，我们都清楚她已进入"加时赛"（这是她自己说的）。她不再住在我曾租住的旧金山那间公寓，最近搬到了金门大桥对面的一家持续护理机构。在从美国东海岸飞回的漫长航班上，我给丹妮丝写了一封告别信。仅仅是动笔写信，就勾起了许多美好的回忆，比如25年来我们有专属的秘密绰号，就像经典电视剧《糊涂侦探》（Get Smart）里的86号和99号特工一样。我叫丹妮丝"621"，她叫我"548"，这是我们刚认识时电话号码的交换码。我们每次见面总是用这些绰号互相问候，假装旁人都不懂这些傻乎乎的代号。

去看望她的那个下午，丹妮丝在她的一居室公寓里泡好了茶，还拆开一块乔氏超市的巧克力一起分享。聊了一会儿后，我拿出信大声读给她听。

亲爱的丹妮丝：

我在飞机上，正读着阿米斯特德·莫平的《迈克尔·托利弗的生活》（*Michael Tolliver Lives*），这是《城市故事》系列的一部分。我一直觉得你让我想起书中的房东安娜·马德里加尔，在我心里我一直把自己当作迈克尔·托利弗。在这本书里，安娜80多岁了，她告诉迈克尔他对自己有多重要。迈克尔听后哽咽了。过了一会儿，他说："我本应该回应她，告诉她她对我意味着什么，但我做不到。不知为何，那样做感觉太正式了，也太像永别。我告诉自己以后还有时间，会有更好的机会，不一定要在此时此刻说出来。"

就像迈克尔一样，我也想向你倾诉你对我的意义，却又不想说得过于正式，仿佛那就是永别。可真要开口又不知从何说起。

两年前当我考虑是否搬到北卡罗来纳州时，我心里清楚倘若事情不顺利，我还有时间回旧金山湾区。但是，这里有个关键的"但是"，即便你享有令人称美的悠长岁月，可生老病死乃人之常情，而且时间总有办法让一只手——或者一段生命——戛然而止！"嘣"的一声，就没了。

当然，你全力支持我去冒险，因为你本就是个充满冒险精神的人！你让我懂得生活并非一成不变，我们要对那些撼动生活根基的潮流与变化敞开心扉。这只是我敬爱你的众多原因之一。

还有，我们初次见面时，你77岁，当时你在为社区报纸做文字编辑，还参加水中有氧运动课程，并且成了另一位"为和平而努力的祖母"。

那时我就想：这是个多么棒的榜样啊！

我住在你楼下公寓的那两年，每天听着你在楼上走动的声音，那段时光永远是我生命中最快乐的片段之一。用一个词形容，那就是"美妙"。

从那之后，我见证了你一路的成长、拼搏，也看到了你情感生活不断深化（过程并非毫无痛苦）。换作别人，可能早就安于现状了，但你不会，我亲爱的丹妮丝。我一直以你为榜样，告诫自己永远不要满足于一成不变，而是要勇敢、深入地扎根生活，哪怕会因此恐惧或痛苦。谢谢你教会我这些。

那么，究竟怎样才能让你明白你对我的意义呢？实在难以用语言表达。你给予我的爱与智慧，你身上的轻松愉悦和活泼，你的热情以及坚定的信念，对我而言都无比珍贵。我感觉仿佛我已经认识你了一辈子，而且我知道，我会一直爱你、铭记你，为你感到开心。未来的日子里甚至更久远以后，我都盼着能继续和你一起分享巧克力。

爱你的，史蒂文

读完信，丹妮丝亲吻了我的脸颊，诉说着她对我的爱，随后又续了一杯茶。

事实证明，在接下来的岁月里，我们一直相互陪伴。在她生命的最后阶段，当她在电话里听不出我的声音时，我会对着听筒大喊："621，我是548！"这办法还真有效；我们又变回了秘密特工——而且是永远的秘密特工，这份情谊永不褪色。

几年后到了真正要和母亲告别的时候，我已经有了些经验。母亲患病的3年里，每次通完电话或者当面分别，我都会跟她说："我爱你。"随着最后一个圣诞节临近，母亲的生命也即将走到尽头，她的节日心愿是希望3个孩子能一起去看她。她没说这是"最后一次"，但我们心里都明白。但是当时妹妹在国外，所以我们打算新年过后尽快在父母的公寓相聚。

2017年1月初，在一个飘雪的夜晚，弟弟、妹妹和我都来到母亲身边，挤在那间狭小的公寓里。母亲知道我们到了，便陷入了昏迷，医生称为"无反应状态"。妹妹朱莉发誓说在她和母亲告别的时候，看到母亲流泪了。而我握住母亲的手，一遍又一遍地说："我爱你，妈妈。"就像我小时候那样。午夜刚过，外面大雪纷纷扬扬地飘落在母亲卧室的窗下，我们的母亲在爱的环绕中安然离世。我没有留下任何遗憾。

我不会将今日要事
留待明日

年轻时人生之路还长，憧憬未来或许就能带
来足够的愉悦。但随着时光流转，我们渐渐
意识到时间在不断流逝，此时珍惜当下变得
比以往任何时候都更为关键。

谁知道丧钟何时为我而鸣？又或者说，何时会为每一个人敲响？

怀着这样的心情，我访问了"死亡时钟"网站，它"友好地"，但并非完全科学地"提醒着人们生命正一秒一秒地流逝……"完成简短的问卷调查后，"死亡时钟"网的算法迅速给出结果："您个人的死亡日期是2031年4月23日，星期三。"如果准确的话，到那天我73岁。

我对这结果不太满意，便向肿瘤医生询问我的预期寿命。他很快回邮件说："一切正常的话，我觉得你的预期存活时间大概在72到75岁之间。祝你好运。"

"祝你好运"？我花了些时间琢磨这话的深意，也慢慢接受了一个事实：这位经验丰富的医生基本证实了"死亡时钟"的计算结果。有那么一会儿，我坐在那儿自怨自艾，脑海中想象着沙漏里的沙子缓缓流尽。但很快我不再让自己沉浸在这种消极情绪里，就像不让沙漏多流一粒沙子那样，我决定辞去现在的日常工作。

没错，就这么突然。你可以说我疯狂、不理智、太冲动，或者三者都占。几十年来，我一直是领薪编辑。讽刺的是，我即将从这家公司离职，而这里的老板曾给我一本马尔科姆·格拉德威尔的《决断2秒间》，还直白地说："你得学着多相信直觉。"我在书中这句话下画了线："快速做出的决定可能和经过审慎、深思熟虑后做出的决定一样好。"

其实我早就想辞职了，但很多恐惧阻碍着我，最主要的是经济问题。没错，我通过搬到更小、更便宜的房子削减开支；也一直在为不时之需存钱；最重要的是，我定期和心理治疗师交流，不仅探讨辞职的事，还思考怎样过真正有意义的生活。"但现在会不会太晚了？"我问他。"不，"他回应道，还引用了小说家兼女权主义者玛格丽特·德兰（Margaret Deland）的话，"一旦你觉得自己太老，不能做某件事了，那现在就去做吧！"

我可不想成为那些可怕的死亡率统计数据中的一员。退休真可能致命，尤其对男性来说。最近一项研究发现，55岁退休的人在接下来10年里死亡的可能性比65岁退休的人高出近90%。我曾坚信那些早早退休的人要么本身有病，要么生活方式不健康。但我错了，《华尔街日报》报道这项研究时写道："有理由相信一般情况下，退休可能会让你比预期更早面临死亡。"

每次读到名人拿到退休金后很快离世的故事，"退休等于死亡"这种关联就深深触动我。比如资深体育记者兼美国国家公共电台评论员弗兰克·德福德（Frank Deford），2017年5月3日，78岁的德福德做完第1656期每周电台评论节目，月底他就去世了。大学橄榄球教练保罗·威廉·"熊"·布莱恩特（Paul William "Bear" Bryant），1983年去世，享年69岁，那时距离他执教的最后一场比赛仅过去了37天。创作了查理·布朗、史努比等经典角色的查尔斯·M.舒尔茨（Charles M. Schulz），在1999年11月年满77岁时宣布退休，甚至没等到两个月，就在最后一期《花生漫画》见报的次日离开了人世。

多亏了"死亡时钟"，就像格拉德威尔说的那样，我不假思索地决定离职，但我不打算退休。

我没打算用余生环游世界，一来我的应急资金没那么多；再者虽说听起来我的时间或许不多了，但其实还有相当长一段日子，我不想把这些时光浪费掉。相反，我计划把热爱之事变成全职工作，去做那些以前只能在工作间隙、度假时或是工作日前后零碎时间里做的事：写作。

在实现这一转变的过程中，我很幸运地有一些榜样。当时53岁的朋友彼得是个纪录片制作人，18个月前辞去了全职工作去休他所谓的"假期"，以便创作一部剧本。他跟我解释："我意识到我不能总想着会有一个毫无经济顾虑的时刻，这只是幻想。不是此刻，更待何时？"他一位最要好的朋友最近因恶性脑肿瘤离世，年仅52岁，"这着实加速了我的决定。"

类似的是，和我年纪相仿的邻居汤姆在一次喝咖啡时告诉我，他有了个深刻感悟："我剩下的时间不多了。"汤姆是摄影师兼作家，他说目睹两位"我曾以为永远不会倒下"的挚友离世后，他最近辞去了大学主任的职务，"我不想再只是嘴上说说做想做的事，我要真正去行动。"

收到医生那封写着"祝你好运"的邮件后的那个星期，我提交了辞呈。我编了个看似合理的理由，但没说出口的是："我只有一次生命，如果现在不做自己想做的事，那要等到什么候？"那时我56岁。

接下来的几个晚上，我辗转难眠，脑海中不断回响着反对的声音。但在随后的几周里，情况开始转变。我陆续接到新的写作任务，还完成了一份书稿提案。我常常凌晨5点就兴奋地起床，像圣诞节早晨满心期待礼物的孩子。我对自己的生活有了全新的掌控感、喜悦感和意义感，这不再只是一份工作，而是我的生活本身。我不仅喜欢这样的生活，更对其满怀热爱。

当然，我并非时刻都欣喜若狂。面对空白稿纸、不稳定的收入以及时不时对自己的决定产生的自我怀疑（尤其是股市暴跌的时候），我一直在努力抗争。没过多久，我遭遇了艰难的一年，父母在这一年相继离世，伴侣也离我而去，我在生活的各个方面都只能独自面对。

即便如此，我仍时常想起朋友汤姆分享给我的温德尔·贝里（Wendell Berry）小说中的几句话："回首人生之初，就像我如今所见。那时我的生活满是时间，却几乎没有回忆……而现在临近人生终点，我发觉我的生活几乎全是回忆，时间却所剩无几。"

是的，我不会把今日要事拖延到明天。

我不会让别人为我写讣告

说我是个控制狂也罢，但真到了要撰写我人生最后总结的时候，我清楚自己才是最佳人选。所以别碰我的讣告！

和我一样，父亲也很少听天由命，就连自己的讣告都要提前安排。在他去世前 10 年，他递给我一个牛皮纸文件夹，里面有他的简历复印件，还写了一些对自己人生终章的备注。他甚至告诉我希望自己的讣告能登在哪些报纸上。他在职业生涯中获得过诸多荣誉，但我知道——因为他亲口告诉过我——对他来说，在纽约大学任教的那几十年比什么都重要。他写道："纽约大学认可他作为教育者的卓越成就，授予他'十二杰出教师奖'以表彰他出色的教学工作。"

我很好奇提前留下这么详尽的指示是不是一种罕见的个人癖好，于是开始询问朋友们有没有人提前写好了自己的讣告。我惊讶地发现已经有不少人写好了。50 多岁的布莱斯第一个举手说："我写了！我到死都是个控制狂。"我问他为什么觉得有必要这么做，他回答："我的父母和兄弟不太擅长写作。而且我希望自己人生中的一些事能被写进讣告里。我很想说这是为了给他们省事，但其实我的动机更自恋一些。"

先不管动机如何，布莱斯不是唯一一个把这归因于控制欲的人。有个人说她考虑写讣告"只是为了保证语法正确"。很多人都承认这么做纯粹是出于自我中心：他们不仅写好了讣告，还会定期更新自己最新的成就。

"从女权主义角度看，自己写讣告也说得通。"朋友埃伦解释道，"女性在家庭之外取得的成就常常被忽视。"确实！看看《纽约时报》新推出的"被忽视女性"讣告系列就知道了。60多岁的银行家罗尼阐述了自己的动机："我40多年前就写好了自己的讣告，当时我根本没想到这会开启一段让我无比珍视的人生旅程……我的简历罗列了我从事过的工作，但讣告会记录公共服务的重要性、身为创业者带来的机遇以及投身慈善事业所获得的个人满足感。"

我大学时的导师格洛丽亚·爱默生（Gloria Emerson）是首位从越南发回报道的《纽约时报》女记者，直到生命尽头，她都对文字极为苛求。在她2004年自杀前不久，人们一般正式称呼她为"爱默生小姐"。她用自己的信纸精心撰写了一份讣告，打印出来后还提笔做了几处修改。在结束自己的生命之前，她把这份讣告寄给了《纽约时报》的一位同事，并特别叮嘱不要交给某位书评人——此人大约25年前，曾对她的《赢家与输家》（*Winners Of Losers*）一书给出过"尖刻的评论"。她最后的请求是："请为我发表这篇讣告。"这位同事照做了，而且一字不差地按照爱默生小姐打印的内容刊发。

不会写作？别担心，如今你可以雇人写。我的朋友丹尼尔·华莱士（Daniel Wallance）是知名作家，他曾推出一项名为"值得拥有的讣告"的个性化死亡通知服务，能让你"写出自己想要的讣告，而不是别人希望你有的那种"。费用多少呢？2500美元，签约时支付50%，完成时支付剩余款项。可惜丹尼尔后来停掉了这项业务，但网上还有很多其他的讣告撰写服务。总之这提醒我们：死亡开销不小，提前规划能帮我们的继承人节省时间和金钱。

我一直对自己说："在理解一个故事的意义之前，你得先知道它的结局。"说实话，就这个誓言而言，我还没做到。但和父亲一样，我会不断更新自己的简历，只不过我的简历存放在领英网上，而不是装在牛皮纸文件夹里的复印件。我希望在生命终结之前能完成剩下的事。

我不会忘记规划
自己的葬礼

我清楚地知道自己想要怎样的送别仪式，并且
已经开始为此做计划了。而我的父母却不一
样，我费了好大劲儿才让他们选定安息之所。

多年前，表姐妮娜送了我们家一份礼物：5块位于多风的科德角的一处公墓墓地，足够安置我的父母、弟弟、妹妹和我。妮娜这人极为务实、节俭，她对我父亲说："批量买更便宜。"她买了12块，把剩下的给了其他表亲。再给大家讲讲这位古怪的妮娜，我11岁时，她送了我一个钩织的马桶罩，水箱和马桶座圈配套的那种。

妮娜是个十足的规划者，在我们家却格格不入，因为我的父母从不考虑未来，更不操心身后事。我父亲是记者，在我小时候总纠正我时态的用法，尤其是虚拟语气。可后来一提到时日无多，他就说："如果我死了……"我得意地回应："爸，这可不是用虚拟语气的时候，得说'当……的时候'，不是'如果'。"

我们一直没选定最终安息之地，不只是父母抗拒，还因为几乎没什么传统可遵循。外祖父母葬在纽约皇后区一处墓地里，我从没去过，连那公墓叫什么都不知道。父亲这边，祖母玛丽安把丈夫葬在了自家后院他最爱的玫瑰丛下，那房子如今也换了主人。玛丽安自己则把遗体捐给了纽约大学，用来培养新一代医学生。

我在这件事上和家人大不相同。或许是因为早年患过癌症，或许是因为痛失了许多朋友，又或许只因我本就是个有强迫症的规划者，很早以前我就拿牛皮纸文件夹贴上了"史蒂文葬礼/纪念仪式笔记"的标签。这文件夹已经有些破旧，里面有朋友在旧金山斯维登堡教堂举行婚礼的流程单，那教堂内部温馨，有巨大的太平洋浆果鹃木横梁和高高的花旗松护墙板，我希望自己葬礼也在那儿办。文件夹里还有张亮粉色便利贴，写着："葬礼仪式某个环节，播放《玛丽·泰勒·摩尔秀》（Mary Tyler Moore Show）主题曲《爱无处不在》（Love Is All Around）。"熟悉我的人看到这安排肯定不意外。

对了，文件夹里还有一张阿灵顿国家公墓里肯尼迪总统和夫人墓碑的照片。我还注明我的墓碑要用马萨诸塞州同一家采石场的石材，字体也要一样。我确实和别人不一样，当近亲安排我的后事时，这样也能轻松些。

我在35岁时已经规划好了自己的葬礼，也就是我所谓的"最后一场聚会"。可对于最终安息的墓地也就是"后续聚会"的场所，我却和父母一样毫无头绪。我们婉拒了妮娜送的墓地，我一时也实在想不出哪里才是合适的安息之地。

10年后，我来到了纽约州的萨格港。这是一个历史悠久的捕鲸村，我们家曾在附近度假，这儿留存着我童年时关于独立日游行、草莓酥饼和夏日烤蛤野餐的美好记忆。一个8月的夜晚，我开车时偶然路过奥克兰公墓，这是个宁静的地方，被很多作家和一位当地诗人深情描绘过，那位诗人曾提到这里有"过滤后的阳光"和"叹息的微风"。

我停下车，走了出来。在墓地踱步时，我发现好多名人都长眠于此：编舞家乔治·巴兰钦（George Balanchine）、两位伊朗王子，还有美国独立战争英雄大卫·汉德（David Hand）。

我打电话询问墓地是否有空位，一位叫亚德利的先生说墓地原区还有一些空位。

我把奥克兰公墓的事告诉父母，安排了去看墓地的行程，可他们取消了，理由是："我们得带狗去看兽医。"我又安排了一次，他们又取消了，这次说："不行，我们的日程冲突了！"直到第4次预约，我们终于去成了。同行的有妈妈、爸爸、妹妹朱莉和她的伴侣，还有我。弟弟和他妻子不想参与这次"房地产交易"，我猜他们在来世可能会"无家可归"吧！

隆冬时节，亚德利先生带我们来到一处地方，在这我们能以每块600美元的价格买下6块相邻的墓地，买更多还会更便宜，这绝对是纽约长岛东部性价比最高的"房产交易"了！

妈妈一直抱怨脚"冻得没知觉了"，还说要是能快点去吃午饭，喝杯金汤力酒，她就同意买下。我看得出爸爸有些犹豫，与其说他对墓地不满意，不如说他在纠结死亡这件事。他像往常一样走开去四处转转，朝着新的"扩建区"走去。10分钟后，他回来说道："行，我们买吧！我看到那边有克莱·费尔克（Clay Felker's）的墓碑，我觉得这个'街区'不错。"能和《纽约杂志》的创始人兼编辑做"邻居"，爸爸很乐意成为奥克兰公墓的永久"居民"。

于是我们同意买下6块墓地，还多了1块备用。妈妈特别喜欢我们最终都能在这儿相聚的想法。

如今又一个10年过去了，我的父母已安葬在奥克兰公墓。爸爸墓碑上刻着"教授及记者"，旁边妈妈的墓碑上写着"深受爱戴"，他们的墓碑之间有一棵高大的橡树。我们其他人都还好好活着，尚未到那一步。地契被我妥善放在牛皮纸文件夹里，我们都有了一个可以永远称之为"家"的阴凉之地。

我不会在给挚爱之人写信前离世

在我离世后传达给家人和朋友的最后讯息，将是我表达对最重要之人的感谢以及与他们告别。那么……我该何时开始写这些信呢？

我和妹妹在休斯敦市中心一家崭新敞亮的餐厅刚点完午餐，她就哭了起来。那时距离她得知前一年确诊的卵巢癌复发才过去几周时间。那是2018年圣诞节前夕，我们前往MD安德森癌症中心寻求新的诊断意见。在那几周里，我们和她在斯隆-凯特琳纪念医院的医生聊过，与丹娜-法伯癌症研究院的医疗团队交流过，还跟布朗克斯区的一位独立研究人员探讨过。在这几周的忙碌间隙，我们第一次能稍作放松。

就在这时，朱莉哭了起来，这是她得知消息后的第一次哭泣。"你觉得我该给女儿们写信了吗？"她问道，指的是她的两个女儿，我的外甥女杰西和卡罗琳。

我明白她所说的是哪种信，就在几年前，我大学时的朋友杰奎琳·津恩被查出患有脑瘤。经过18个月的治疗，杰基（大家都这么称呼她）在56岁时与世长辞，留下了丈夫和四个孩子。她留下的那些信满含温情、感人肺腑，令人难以忘怀。

20世纪70年代，杰基和我在杜克大学同窗。到了21世纪初，我们又重新熟络起来。大多数周六上午，我们都会一起去上动感单车课，彼此暗暗较劲，就像姐弟俩争抢座位，生怕在漫长的车程中被迫坐到可怕的中间位置一样。杰基是个铁人三项运动员，10次里有9次都能胜过我。而且每次下课，她总是情绪高昂，大声欢呼："太棒了！"她赞美的并非自己的胜利，而是那种充满内啡肽的运动体验。

后来在一个冬日，我们俩原本都打算去杜克大学教堂参加91岁朋友玛丽的葬礼，可杰基却没出现。原来在不到1英里外的杜克大学医院，她被确诊患了胶质母细胞瘤，这是最凶险的一种脑癌。尽管预后情况很不乐观，当时55岁的杰基还是想尽一切办法，努力寻求治愈的可能。

在接下来的几个月里，我看着杰基成功缓解了病情，又重新回到了动感单车课堂。然而几个月后，癌症复发了，而且这一次更为凶猛。患病的第二年，杰基（和她丈夫道格）渐渐意识到癌症终将夺走她的生命。杰基问她的肿瘤医生自己还能活多久。医生说："我没法告诉你，没人能说准。"她接着追问："是几周还是几个月？"医生回答："几周。"

当道格向我讲述那次对话时，我不禁心想：我们当中，又有多少人能问出这样的问题呢？

然而，接下来发生的事才让我觉得真正非同寻常。在直面即将到来的死亡时，杰基将她原本就展现出的勇气升华成了一个我从未亲眼见过的，关于坚定决心的故事。

妻子去世1个月后，道格向我解释说："一旦她明白自己的前路如何，就开始掌控自己的未来。她注销了信用卡，把衣服送给姐妹们，还教会我如何支付账单。"

这些事情完成后，长期在葛兰素史克公司担任项目经理的杰基开始了她最后的努力。用道格的话说："她在生命尽头的这段经历就像是在对自己的葬礼进行项目管理。"在与她的牧师多次会面中，杰基规划好了自己的葬礼仪式，挑选了她最喜欢的感悟分享、诵读内容和赞美诗。

当我翻阅她葬礼的流程手册时，看到一个名为"感恩"的插页。这份单页开篇就对杰基众多的护理人员表达了感谢。内容是用第一人称写的，我原本以为作者是道格，毕竟他自己就是一位出色的作家，但是很快就能明显看出文中的"我"实际上就是杰基本人。

在她给我们大家的告别信中，结尾是这样写的："我拥有一段幸福美好的人生。我当然依然渴望能在尘世中与你们相伴，但这并非上帝为我安排的计划。我竭尽全力与病魔抗争，但有些事情并不总是在我们的掌控之中。我希望此刻我已与父亲相聚，在天上守护着你们所有人。"

此时我已泪流满面，几乎所有读到这些话语的人也都如此——这些话语充满了生机与喜悦、希望与准备。然而在那个潮湿闷热的7月，为纪念杰基而来的我们还听到了她最后的告诫："请大家走出去，庆祝我的人生。我的人生精彩极了！"

但更打动我的是听闻她生命尽头的另一个计划。"有好几个星期，她每晚都给孩子们写信。"道格回忆道。杰基给每个孩子都写了好几封信，让他们在人生的不同重要节点打开。道格解释说，杰基希望在那些重要时刻——毕业典礼、结婚、她本应迎来的孙辈出生时——都能"陪伴在孩子们身边"。

在道格跟我讲了那些信的几年后，在我的父母相继离世，我开始着手写这本书的时候，我联系了杰基的二儿子杰瑞，他当时正在写关于失去母亲的文章。我问他是否愿意和我分享那些信件。道格已经给了他两封——一封在杰基去世后不久就给了他，另一封是在杰瑞大学毕业的时候。杰瑞结婚的时候会收到下一封信。

犹豫了一阵之后，主要是考虑母亲会给出怎样的建议，他同意了，希望这些信件的公开能让杰基的记忆长存。

"母亲留给我的信是我最珍贵的礼物之一，"他告诉我，"在生命即将走到尽头的时候，她不辞辛劳，花费时间——那非常有限的时间——坐下来，为我们的未来考虑。"

在离世前一个月的一天，杰基用漂亮的蓝色墨水，以工整的手写体，给当时 19 岁的杰瑞写下了第一封信。

亲爱的杰瑞，我那初露锋芒的电影人：

我知道你此刻心情复杂，就如同我父亲离世时我的感受一样。但那时的我可比你现在的年纪大得多，所以我其实没办法完全感同身受。真的非常非常抱歉在你那么小的时候就离开了你，我知道这对你而言很不好受。要是你继续在电影事业上拼搏，或许能在接下来的作品里融入这些情绪与感受。

我向你保证，为了能尽可能多活些时日，我拼尽了全力。我知道你懂，毕竟你陪着我历经了无数次治疗、检查和针灸，我也祈祷了无数次。可不知为何我终究没能成为那个被治愈的幸运儿。但正因为我的努力，我确信与一开始身体状况就不好的情况相比，我实际上活得要久。

我为你在这相对短暂的人生里取得的所有成就感到无比骄傲。无论你这一生选择从事什么职业，我都会每日守护着你，满心期待看到你收获新的、激动人心的成就。

在我离开后的第一年里，尽你所能去支持爸爸和你的兄弟姐妹们，这段时间对每个人来说都是最艰难的。我父亲去世时的场景至今仍历历在目。时间自会抚平一切，但要让快乐的回忆占据心头，往往需要漫长的时间，而悲伤的情绪却总是更直接、频繁地涌上心间。

我在这世上度过了许多美好的时光，比很多人都要幸运，所以我没什么可抱怨的。我曾从黑色素瘤的魔掌中死里逃生，和杰瑞叔叔在西弗吉尼亚的山区遭遇过车祸，在达勒姆也出过一次意外。我经历过多次"劫后余生"，所以对生命里的每一刻都满怀感恩。试着以这样的心态去生活，你就会成为一个幸福且内心充盈的人。

我对你的爱远超你的想象，我最亲爱的杰瑞。

爱你的妈妈

三年后，到了2016年，杰瑞从北卡罗来纳大学教堂山分校毕业的那天，道格把第二封信交给了他。这封信是用同一支笔，在同一种信纸上写的。

我亲爱的杰瑞：

好了，就是今天了——你人生中的一个重要里程碑——大学毕业！恭喜你！无论你的主修和辅修专业是什么，我都为你感到无比骄傲。我知道你让这段经历变得很有价值，也从这段经历中得到了你想要的一切。我知道你在专业知识上学到了很多，可能在了解他人方面收获更多。

杰基以这样的话语结尾：

我会一直守护着你，至少我希望我能做到！再次恭喜你！享受这美妙的一天以及所有的庆祝活动吧！给你大大的拥抱和亲吻！

深爱你的妈妈

杰瑞说大学期间他多次动过辍学的念头。但他坦言："一想到不毕业就永远收不到那封信，我就咬咬牙继续留在学校。那封信对我的激励作用极大，我对此永远心怀感激。"我了解杰基，相信这是她精心策划的一部分。

我反复读着这两封信，内心感慨：这是一份多么珍贵的礼物啊，而且是一份永恒的馈赠。想到道格曾跟我说，杰基是在轮椅上，半身瘫痪的艰难状况下写完这些信的，我不禁肃然起敬。

我明白是时候打起精神直面自己未来的身后之事了。由于我现已合法分居，必须重写遗嘱、更新医疗授权书。可每次我打算认真研读这些文件时，内心就像撞上了一堵坚实的抗拒之墙。最后，律师无奈地恳请我哪怕不回复邮件，至少确认已收到。我只简短回了一个词："收到"。我自己都惊讶，明明我没患什么严重疾病，更别说绝症了，怎么会如此抗拒。

不过一想到杰基的事例，我最终还是坐下来仔细阅读那堆文件。没想到处理完这些必要事务后，我心里竟涌起一种慰藉。我愿意相信杰基给未来的孩子们写信时也有过同样的感受。

我在心里默默盘算自己去世后该给哪些人写信，不过至今还没动笔。我知道一旦开始写，就意味着承认自己正在走向"生命的尽头"。好在我现在身体硬朗，还远没到那一步。

妹妹朱莉现在还不用写信，目前的治疗方案效果不错，病情得到了控制。

我不会对人生感到失望

人生不过短短几十年，倘若在生命终结时满心失望，那实在是糟糕透顶。我的人生走向由我自己主宰，我定会好好把握。

在一个冬末的日子里，我和父亲坐在一起。他突然问我："你觉得人生中什么最重要？"

这个问题让我猝不及防。毕竟父亲没有什么精神信仰，更谈不上宗教信仰，我没想到他会问出这样的问题。仓促间，我给出了一个有些杂乱的答案，记得提到了当时的伴侣、弟弟、妹妹、大家庭的成员、多年来结交的众多朋友、工作，当然还有健康。随后我也问了他同样的问题。他坐在柳条椅上，望着窗外，沉默了许久。当他终于把目光转回到我身上时，只是耸了耸肩，什么也没说。那一刻我的心中涌起一阵心疼。

在那次"对话"后不久，父亲出版了一本名为《极短篇小说集》（*Very Short Fictions*）的书，副标题冗长又拗口："关于友谊、浪漫、性、爱情、浪漫关系的破裂、商业和职业事务、家庭琐事、历史回忆、疾病、失去，以及日常生活和死亡的各种完整且不可预测方面的故事。"

这本薄薄的书仅有59页，却道尽了他耸肩背后的深意。他在书中讲述了自己漫长人生里的种种失望。这本书远非虚构，倒更像是一本回忆录。在"不同的星球"这一章中，他描述了两个"虚构"人物——父亲和儿子——之间一生的隔阂。书中的父亲写道："尽管他们的关系得体、亲切，甚至称得上友好，但缺少亲密。他们过着截然不同的生活。"作为他的儿子我觉得这听起来一点都不像虚构。

不幸的是，我和父亲的关系从未像我与母亲的关系那般亲密无间、轻松自在。父亲是典型的20世纪50年代父亲形象的变体：他几乎从不表露自己的情感。身为一名记者，他的工作时长极长，还经常出差去报道突发的新闻事件，比如约翰·F·肯尼迪（John F. Kennedy）遇刺事件以及卡纳维拉尔角（Cape Canaveral）的火箭发射事件。他具备记者所特有的敏锐提问能力——能接连抛出几十个问题，而且常常是十分尖锐的问题——但他却不太愿意分享自己的答案。

书中很多章节都围绕着我的母亲以及他们长达63年的婚姻展开。

清晨回忆

他醒来时，妻子对他说，记得前一晚生他的气了，可却不记得是为什么；他记得生气的缘由，却没有告诉她。

一切的开始

一天晚上，他们并肩走在前往第三大道的路上，过了一会儿，她将胸部贴在了他的肩膀上，而且一直没有移开。

婚姻

当他们到了 60 多岁时，开始频繁争吵；这成了几十年婚姻的一个高潮点。

我能够理解他为什么可能会感到失望。

父亲和我一样更善于通过文字来表达自己。当我阅读《极短篇小说集》时，我对他有了更深入的了解。如果说这本书有一个贯穿始终的主题，那便是对往昔事物那种苦乐参半——且常常是苦涩的——回忆。

梦想家

当他畅想自己本可以拥有的各种不同人生时，他会想到自己或许是一个生活在里昂的法国人，又或是潘帕斯草原上的一个阿根廷人；然而，现实却是他在布鲁克林市中心工作。

冲浪时刻

有一天，海浪汹涌，他再也无法游过破浪区抵达远处的沙洲了，可他那两个十几岁的儿子却能轻松做到。

衰老的迹象

当他发觉自己做曾经能够轻松、迅速完成的事情，如今却要花费更长时间时，他意识到自己变老了。于是，他决定少做一些事，可即便如此，做这些事依旧耗时更久。

另一个衰老的迹象

当孩子们开始对他指手画脚，而非像从前那样听他指挥时，他明白自己变老了。

学术政治

资深教授告诉妻子，新领导扬言要清理"无用之人"。那天晚上，他彻夜难眠。

为时已晚

在家庭聚会上，当成年的孩子们谈及童年往事时，他心里很不是滋味。他们总回忆起一些他期望自己当初能处理得更妥善的事情。

为了更深入地了解父亲，我需要从多个视角去探究。讽刺的是在他离世后，阅读了诸多为他撰写的悼词，我才对他有了一个更为完整（尽管仍不全面）的认识。

以下是一些发布在他的"悼念"网站上的悼词。

比尔·莫耶斯（Bill Moyers），公共广播纪录片制作人（父亲曾在莫耶斯的节目中参与制作美国公共广播公司的 11 集纪录片《探寻宪法》）：

当人们创造出"坚定可靠"这个词时，语言之神想必心中浮现的正是迪克·彼得罗（Dick Petrow）[⊖]。他是一位坚定且忠诚的同事，在截止日期迫近、剧本陷入僵局、难题接踵而至，或是画面难以敲定的关键时刻，他总是值得信赖的盟友。

丹·巴里（Dan Barry），《纽约时报》记者兼专栏作家评价道：

迪克·彼得罗是我在纽约大学新闻系攻读研究生一年级时的新闻写作教授。我本科时习惯在写作中沉思、发表观点，还爱用做作的第一人称描绘世界，是他帮我纠正了这些倾向。他教会我如何报道硬新闻，如何在截止日期前清晰、流畅地写作，以及如何剔除废话。简言之，他教会了我怎样成为一名报纸记者。

拉基莎·卡恩斯-怀特（Rakisha Kearns-White），1994年毕业于纽约大学新闻系，如今是一名图书管理员，她说：

都过去快25年了，彼得罗教授仍是我在纽约大学众多教授中至今仍能清楚记得名字的少数几位之一……每次撰写电子邮

⊖ 在英文人名中，Dick 为 Richard 的昵称。

件或者资助申请时，我都会回想起从他那学到的课程：写作要清晰简洁，不用陈词滥调。彼得罗教授对我的生活至今仍有着切实的影响。

我知道父亲定会格外喜欢拉基莎的这篇悼词，因为她很显然学到了父亲最看重的两点：其一，写作要清晰，杜绝陈词滥调；其二，要称呼他为彼得罗教授。

得到了崇拜者如此的赞扬与认可，父亲怎么还会对人生深感失望呢？为什么我从他那仅有59页的书里了解到的关于他的事情，竟比作为他儿子这么多年所知晓的还要多呢？我和弟弟、妹妹能从他的故事里看到自己和我们的家庭，尽管读起来令人痛心，但无比真实。

随着身体残疾愈发严重，父亲心中的恐惧也日益加深。他没有向我们任何人倾诉那些困扰他的想法，却仍在继续书写那些被轻视、被回避的经历，以及那个变得越来越逼仄的世界。

在这40多个故事中，有一个最让我感到痛心：

开车时

他一生都开着一辆黑色的四门家用轿车，但当摩托车手从他左边呼啸而过，他感觉自己的人生也正从身边溜走。

尽管父亲在生命的尽头或许有那样的感触，但我想他不会希望我就这么停下对他的回忆，我自己也不愿意。以下是我写在他的悼念网站上的话：

我从父亲那里收获良多，从事新闻工作便是其中之一。尽管我曾决意按自己的方式前行，但步入中年后我才意识到事实并非全然如此。我肯定是继承了"新闻"基因，因为我和父亲一样也曾以记者的身份走遍全国，花了数年时间几乎独自完成书籍创作，享受了这段疯狂旅程的近乎每一分钟。谢谢你，爸爸。

后记

10年光阴，世事变迁。我50岁生日时，父母在他们的海滨别墅为我举办了一场新英格兰烤蛤野餐会。餐食丰盛，有龙虾、蒸蛤蜊、当地贻贝、夏季甜玉米棒，还有母亲做的满是蛋黄酱的土豆沙拉。考虑到大家吃这些食物时容易弄脏衣服，父母还贴心地准备了大量餐巾。甜点是我最爱的八层草莓酥饼。我最要好的25位朋友从全国各地赶来为我庆祝，他们住满了别墅里的每一张床（甚至有人睡在地板上），还有些人借住在邻居家。那个夜晚美妙极了，父母在各个方面都尽显慷慨。母亲向来爱开玩笑，常引用菲利斯·迪勒（Phyllis Diller）的名言："我希望我的孩子们拥有我曾经买不起的所有东西。然后我想搬去和他们一起住。"而她现在是反着来做这件事了。

庆祝活动结束后，父亲说很高兴能办这场聚会，但也跟我说："这是我们最后一次办这么盛大的聚会了，实在是太累人。"他言出必行。

我60岁生日时，父母都已离世。那年的生日晚宴是在餐厅举办的，规模要小很多。在晚宴上，我和弟弟、妹妹举杯缅怀父母，暂时抛开了他们生命最后10年里的种种波折。妹妹说："他们肯定会喜欢这个夜晚的，尤其是不用做任何事情。"我开玩笑说："妈妈肯定会问我多大年纪了，等我回答后，她会假装尖叫：'我怎么可能是一个60岁孩子的母亲呢？'"以前我40岁、50岁时，她问同样的问题，我们都会哈哈大笑，这次也不例外。

朱莉、杰伊和我一直竭尽全力地照顾父母，虽然做得并不完美，但每一个举动都饱含着真心。我们也在这个过程中渐渐明白，父母从中年再到步入老年直至生病，他们同样在以自己的方式拼尽全力，尽管这份努力也并非完美。

我60岁生日那晚，往昔与当下的巨大落差实在让人难以忽视。而在撰写这本书时，过去这10年的点点滴滴更是时常在我脑海中浮现。在一开始，我列了份言辞尖锐、满是批判的清单，可后来我对父母以及衰老这件事有了截然不同的看法，甚至可以说变得更加体谅他们了。

我还是希望能做出和父母不一样的选择，事实上我也已经开始行动了。不久前，我想拿书架顶层的一本书，当时我左脚踩在椅子上，右脚蹬在桌子上，一只手紧紧抓着书架，然后使劲往上一跃，试图瞬间够到那本书。就在那一刻，我心里想着："这可太不明智了。"于是我立刻决定下次一定要拿梯子。就像首位登上月球的尼尔·阿姆斯特朗（Neil Armstrong）说的：

"这是我小小的一步，却是人类迈向未知未来的一大步。"

如今，我越发能理解父母以及他们那一代人为何会有那样的行为，只要想想我的祖父母，也就是他们的父母，就能明白这对父母产生了多么深远的影响。因而，我得到的第一个启示是，我们每个人身上都带着前人的烙印。

第二个启示是，我不再觉得父母的行为和态度是"错的"，更不会认为其"愚蠢"，只是这些行为往往没能达到他们想要的结果。我多希望他们能拥有更多，多去旅行，去探望朋友，去看看外面的世界；多参与我们的日常生活；多一些自主决定的空间；最重要的是能拥有更多快乐，少一些忧虑。可他们的很多选择反而让生活变得越来越狭隘，甚至可能缩短了寿命。事后看来，我认为在我举办那次烤蛤野餐生日会前后，当他们年过75岁时，他们就开始进入一种长期的消极状态。随着岁月的流逝，他们越来越意识不到自己所做选择带来的后果。

玛格丽特·米德（Margaret Mead）曾一针见血地指出："把所有玩乐与学习都塞到童年，将全部工作集中于中年，却把满心遗憾都留到老年，这是大错特错，且残酷又任性。"我在父母以及他们那一代很多人身上就看到了这样的情形。面对父母的选择，我内心的悲伤和对自身遗传因素的担忧都被愤怒与固执掩盖了。

我想再次谈谈吉米·卡特，他是我心目中"年老"的榜样之一。在《衰老的美德》这本书里，他引用了一位朋友的建议："我们太执着于赖以生存的物质，却很少去思考生活的意义。"说白了，如果生活没目标、没意义，甚至停滞不前、不断萎缩，那这样的日子还有什么价值？在这本书的结尾部分，我不希望我父母还有自己只是消极地等待"厄运降临"。

　　回顾过往，我得到了第三个启示：真希望当初没总在父亲面前摆出一副"无所不知"的样子，多给他些说"是"的机会，而不是让他习惯性地拒绝，毕竟我对他这种回应方式太熟悉了。对于母亲，我仍为自己当初那么容易发火、常常陷入沮丧而懊悔。

　　60岁之前，我觉得自己还没准备好接纳给自己的建议，那时我忙着往清单里添加事项，却没去实践。但现在不一样了。我检查了听力，（基本）按医嘱服药，还依照近藤麻理惠的方法整理屋子，这样当需要别人帮忙处理身后之物的那天到来时，要处理的东西就能少很多。

　　不幸的是，我近些年目睹了一些挚友、同事和名人过早离世，有的突然离世，有的被疾病长期折磨，他们甚至都没机会好好"变老"。开创性的体育解说员、前美国小姐菲利斯·乔治（Phyllis George）70岁时去世，比我小一个月的大学同学劳拉·安给我发消息说："这说明我们真的老了。"

"不，"我马上回复，"她过早离世，是因为生病了——她患某种癌症都35年了。"我由此又明白了一个道理：衰老和生病是两码事。只要身体还行，我就很感激能有机会健健康康地慢慢变老。

我时不时会瞅瞅自己列的这份清单，用它来提醒自己以做出更明智的选择。虽说我已经全力以赴了，仍无法做到尽善尽美。如今每当我在自己的行为或反应里察觉到父母的影子时——实际上，这种情况出现的频率，比我愿意承认的要高得多——我都会开自己的玩笑，甚至还会有点儿难为情。

这是遗传的缘故吗？这种情况能改变吗？一位朋友提醒我："要记住，不管我们多么努力地告诫自己别成为父母那样的人，不管我们多么拼命地朝相反方向努力，最终还是会和他们有相似之处。"可千万别这样啊！

我也在努力，不让自己把那些有关衰老和老年人的负面刻板印象当成无法改变的既定命运。我在寻找新的榜样。就拿简·方达来说，她都80多岁了，依旧活跃在演员和社会活动家的舞台上。她曾对记者讲："我坚信随着年龄增长，只要心态保持年轻，对生活的方方面面满怀热情，思想就能克服身体上的诸多缺陷。不管膝盖多么不听使唤，或者置换了多少关节，你照样能为自己的世界注入活力与决心。"顺带一提,方达已经做过双膝和双髋关节置换手术了。加油,简,你真棒!

在本书前面部分,我提到过那个在我生命里一直贬低我的讨厌的内心声音,我承诺过当它大喊"太老了"的时候,我肯定会打出大大的"闭嘴"。

猜猜我从哪儿学来这句话的?没错,就是从我的父母那儿。

致谢

颇具讽刺意味的是，我首先要感谢我的父母，玛戈特·S（Margot S.）和理查德·彼得罗（Richard Petrow）。倘若他们没有经历衰老，没有犯下一些失误，或许我就没有这本书可写了。套用弗兰克·辛纳屈（Frank Sinatra）的话来说，他们按自己的方式生活，正如他们的父母所做的那样，我想日后我大概也会如此。

我结识文学经纪人理查德·派恩（Richard Pine）已有25年之久。我想说的是：在他的专业领域，他既睿智又经验丰富；作为一位无须专业资质却能提供建议的顾问，或是心理治疗师，他同样出色。在我们携手迈向接下来的25年之际，我很庆幸能拥有和他的友谊。同时我也对英克韦尔管理公司（Inkwell Management）的其他工作人员心怀感激。

我同样感谢肯辛顿出版社（Kensington Books）的每一位成员，尤其是我的编辑丹妮丝·西尔维斯特罗（Denise Silvestro），她的编辑风格细腻，却能带来极大的影响。我还要诚挚地感谢出版商林恩·卡利（Lynn Cully），她始终大力支持这本书；感谢宣传人员安·普赖尔（Ann Pryor）、封面设计师芭芭拉·布朗（Barbara Brown）、制作编辑亚瑟·梅塞尔（Arthur Maisel），以及文字编辑凯伦·克伦帕克（Karen Krumpak）。

这本书的同名文章最初以不同的形式发表于《纽约时报》，不过传达的主旨大致相同（其他几篇文章亦是如此）。我是如此幸运能有托比·比拉诺夫（Toby Bilanow）作为我在《纽约时报》的长期编辑，而且我们的职业关系还发展成了友谊。特别要感谢迈克·维内里普（Mike Winerip），这位《纽约时报》的前记者兼编辑，给予了我在这家"灰色女士"⊖的首个重要机会；还要感谢格雷格·布罗克（Greg Brock），他现已从报社退休，他就如同我的守护天使一般。

我还为《华盛顿邮报》的健康/科学版块撰写了大量文章，尤其是为编辑玛格丽特·"小熊"·夏皮罗（Margaret "Pooh" Shapiro）供稿。她不仅善良，编辑技巧更是精湛，两者相得益彰。（同样，本书的一些章节改编自我在《华盛顿邮报》上发表的专栏文章。）同时也感谢她的"搭档"凯西·拉利（Kathy Lally）。我永远感激莉娜·H.孙（Lena

---

⊖　指《纽约时报》因该报风格古典严肃而得此戏称。

H.Sun），《华盛顿邮报》的记者，更重要的是，她还是我40年来的挚友。

几年前，我为《纽约时报》撰写一篇专栏文章时，引用了玛丽·奥利弗（Mary Oliver）的短诗《悲伤的用途》（"*The Uses of Sorrow*"），诗中她谈及从失去中获得的馈赠。在近些年里，我有幸结识众多朋友和同事，他们就像上天赐予我的礼物，有的崭新耀眼，有的相识已久却始终珍贵如初。有些人阅读过本书的章节，有些人在我想要倾诉时耐心倾听，在我需要支持之际，他们所有人都给予我关怀。在此我要感谢以下诸位：

艾米·巴尔（Amy Barr）、布里奇特·布赫（Bridget Booher）、史蒂文·伯克（Steven Burke）和兰迪·坎贝尔（Randy Campbell）、温迪（Wendy）和查理·库奇（Charlie Couch）、巴托·卡尔普（Bartow Culp）、文斯·埃里科（Vince Errico）、夏洛特·艾尔曼（Charlotte Eyerman）、朱莉·芬斯特（Julie Fenster）、黛比（Debbie）和亚瑟·芬恩（Arthur Finn）、罗伯特·戈德堡（Robert Goldberg）和特里·弗拉姆（Terri Flam）、艾米·戈雷利（Amy Gorely）、黛比·希尔（Debbie Hill）和朱莉娅·麦克（Julia Mack）、埃里克·马库斯（Eric Marcus）、伊丽莎白·马西森（Elizabeth Matheson）、

吉姆·梅（Jim May）和里奇·考克斯（Rich Cox）、苏珊·曼德尔（Susan Mandell）、吉尔·麦考克尔（Jill McCorkle）和汤姆·兰金（Tom Rankin）、大卫·佩恩（David Payne）和凯特·佩斯利·肯尼迪（Kate Paisley Kennedy）、托里·雷诺兹（Tori Reynolds）和约翰·比尔曼（John Beerman）、弗雷德·西尔弗曼（Fred Silverman）、马克（Mark）和詹妮弗·所罗门（Jennifer Solomon）、菲尔·斯皮罗（Phil Spiro）、李·史密斯（Lee Smith）、彼得·L.斯坦（Peter L. Stein）、辛迪·斯蒂弗斯（Cyndi Stivers）、玛格丽特·沙利文（Margaret Sullivan）、维姬·思雷福尔（Vicki Threlfall）和莫莉·奥尼尔（Molly O'Neill）、苔丝·奥尼尔（Tess O'Neill）、朱迪·特沃斯基（Judy Twersky）和詹妮弗·布里斯托尔（Jennifer Bristol）、丹尼尔（Daniel）和劳拉·华莱士（Laura Wallace）、伊丽莎白·伍德曼（Elizabeth Woodman）和埃里克·霍尔曼（Eric Hallman）、卡里·威尔克森（Kari Wilkerson）、道格（Doug）和杰瑞·津恩（Jerry Zinn）。

我也怀念丹妮丝·凯斯勒（Denise Kessler）、马里恩·勒布（Marion Loeb）、莱拉·米克勒（Laila Mickler）、巴里·R.欧文（Barry R. Owen）和杰奎琳·津恩（Jacqueline Zinn）。

罗斯·冯·梅茨克（Ross von Metzke）多年来一直担任我

276

的社交媒体主管，我何其幸运。他常常能在我自己都还没反应过来时，就洞悉我的想法。而且，对于脸书（Facebook）、推特（Twitter）、照片墙（Instagram）、阅后即焚（Snap）以及其他新冒出来的社交媒体平台的每一次更新变化，他都能理解并为我解读。他住在西海岸，所以在我的粉丝眼中，我仿佛一天24小时都醒着，不停地发布内容、发送推文。他也早已成为我的一位出色且睿智的朋友。

虽说书中所有内容均由我负责，但罗丝安·亨利在我职业生涯的诸多方面，确实起到了关键的组织作用。她常常迅速、专业且精准地对我几乎所有作品进行顶尖水准的编辑，其精准程度如同外科医生操刀手术。作为这本书的合著者，她是我的得力伙伴，协助我设定并严守截稿日期，冷静沉稳地编辑我的文字，在各个方面都给予我帮助。我甚至担心等有一天她的孩子大学毕业，她想要花更多时间享受生活，那么用于编辑我稿件的时间就会减少。她唯一算得上的"缺点"是：她觉得自己比我更幽默。我得承认，这是事实。

这本书的初稿是在尤克罗斯（Ucross）完成的。尤克罗斯是一个为视觉艺术家、作家和作曲家提供驻留项目的地方。我有幸获得一笔奖学金，这使我有了睡觉的房间、写作的工作室，还能享用美味的"餐食"，更不用说犹他州那壮丽的景色以及一群很棒的作家伙伴。我还要感谢位于加利福尼亚州雷耶斯站（Pt.Reyes Station）的梅萨庇护所驻留项目（Mesa Refuge residency program），尤其是感谢苏珊·佩奇·蒂利特（Susan Page Tillett）。

这本书的大部分手稿是在弗吉尼亚创意艺术中心（Virginia Center for the Creative Arts，简称VCCA）完成的。我多次获得该中心的奖学金，得以享受不受打扰的写作时光。我由衷地感谢凯文·奥哈洛兰（Kevin O'Halloran）、希拉·古利·普莱森茨（Sheila Gulley Pleasants）、达娜·琼斯（Dana Jones）、比阿特丽斯·布克（Beatrice Booker）、奎因·格雷夫（Quinn Graeff）、苏尼·蒙克（Suny Monk）和卡罗尔·奥布赖恩（Carol O'Brien），以及我逐渐熟悉并喜爱的作家、视觉艺术家和作曲家群体。在过去三年里，我有幸在弗吉尼亚创意艺术中心的董事会任职。

随着年龄增长，我越发明白没有什么比家人更为重要。在撰写这本书的整个过程中——其间还经历了我父母的离世——我的彼得罗家族成员、彼得罗-科恩（Petrow-Cohens）家族成员，以及一位未随我们家族姓氏的姻亲也始终给予我支持，其中包括妹妹朱莉和她的伴侣麦迪，弟弟杰伊和他的妻子南希，还有他们的孩子，这本书正是献给他们的。

让我们继续向前！

——史蒂文·彼得罗

我很荣幸能参与这本书的创作，也十分感谢史蒂文·彼得罗给予我这个机会。这本书无疑是他的心血之作，但我很开心能尽己所能贡献一些见解、表达方式，或者是幽默元素（主要是幽默啦）。

我的父亲离世得太早，没机会犯下这本书中所描述的任何错误；而我的母亲在老年时一直受阿尔茨海默病的困扰，在很大程度上也没有机会犯这些错。令人惊讶的是，我依然能指出他们作为父母所犯的所有错误，并且下定决心不重蹈他们的覆辙。只是我犯了一些不同的错误罢了。

我最感激的是我两个优秀的孩子，他们让我有了慢慢变老的意义；还有我无比耐心的妻子，她竟然愿意陪我一同走过这段人生旅程。我们在一起将近30年了，玛格丽特依旧能包容我大部分的过错，还乐于指出那些真正关键的错误。最棒的是，我们每天仍能逗彼此开怀大笑。

——罗丝安·亨利